「桑沢」草創の追憶

桑沢文庫 2

「桑沢」草創の追憶

高松太郎 著

桑沢学園

桑沢文庫

桑沢氏の好きな横浜港において
「象徴的な桑沢丸の出発」桑沢デザイン研究所の歴史は筆者の「近代デザイン教育の原点として出発すべし」の強い主張、「桑沢氏の快諾」によって壮途に就いた。
1954年（昭和29年）

桑沢洋子像（佐藤忠良作）

画家にもどる桑沢氏
山も海も、歩くのも泳ぐのも好きでスポーティーなデザインの名手・桑沢氏。
草津から石仙峡鳴洞滝の谷歩きの途中を筆者がスケッチした。
1952年（昭和27年）

「桑沢」草創の追憶

目次

ブックデザイン　道吉　剛

「桑沢」草創の追憶

はじめに

子供のころから、戦争は軍人がするものだと思っていた。学生であった私は、学業途中で否応なしに軍人にされた。海軍特攻隊として司令官の命令により、窮余の策として深夜の狭水道の海底を爆弾を身につけ敵艦直下まで歩き、体当たりして自爆し、二十歳で人生を終える運命であった。その寸前、日本は降服して私の命は助かった。

敗戦。

精神的な屈辱。想像を絶する家畜のような食糧と腐った畳の惨めな生活。

社会への第一歩は、明治時代、文豪・国木田独歩の創立した出版社の編集部員からスタートした。戦前、その編集部の先輩であったドレスデザイナー・桑沢洋子氏と高松との運命的な出会い、人間性・社会性・思想の共感こそが、戦後日本における近代デザイン教育運動の先駆「桑沢デザイン研究所」の創立、そして「東京造形大学」の誕生、社会人のための個性的な「桑沢クリエイティブセンター」の設立へと花開いた。

米軍の占領下、未経験、貧弱な資金によるデザイン教育経営の苦悩は想像を絶した。理想と情熱、若さのみが支えであった。

国木田独歩は作家として有名であるとともに、今日、百年の歴史を持つ後の「婦人画報社（当時東京社）」の創始者でもあった。

桑沢氏は、現女子美術大学卒業後、同社編集局で活躍した。私も後輩として同社に勤め、桑沢氏と親交を深めた。当時の社長・本吉信雄は私の伯父で、桑沢氏を高く評価し、後に桑沢デザイン研究所の創立に協力を惜しまなかった。

奇縁といえば、桑沢氏は東京社（戦後の婦人画報社）に就職する前、美術の「アトリエ社」でアルバイトをしていた。同社の社長・北原義雄は詩人・北原白秋の弟で我が家の親戚であり、桑沢氏との縁はきわめて深いものであった。

桑沢デザイン研究所は、戦後日本の、近代デザイン教育におけるユニークな先駆校であった。

創立の年の六月、奇跡のように、世界の近代デザイン教育の先駆・ドイツ「バウハウス」の初代校長・ワルター・グロピウス教授夫妻が当所を訪れ、深く感動された。

私は、ここに、素晴らしいバウハウス精神を見出したが、
これこそは、私がかねてから待ち望んでいたものであり、
東洋と西洋の間に架け渡された往来自在の創造的な橋である。
貴方がたに大きな成功を！

ワルター・グロピウス

というメッセージを贈られた。この感動こそ、桑沢デザイン研究所の旅立ちに栄光をもたらすものであった。

戦前の桑沢氏と近代デザインとのふれあい

創立者・桑沢洋子。

東京・神田の生まれ。根っからの下町気質。無欲にして、天衣無縫。死を怖れず、信念を貫いて生き抜いた六十六年の生涯。こんなにキッパリとした人を私は知らない。

桑沢氏は一九三二（昭和七）年、女子美術専門学校（現女子美術大学）西洋画部師範科を卒業する。そのままなら、とうぜん女流画家になっていたはずだ。しかし、その庶民的・生活派的性格は、画家となることに疑問を抱かせる。上野のヤマ（美術館）で、特定の美術愛好家だけを対象として、造形の自己表出を業とすることの物足りなさ、生活と大衆とじかに関わらない画家への不満。悩んだ末に、たどりついたのが「建築」であったという。建築なら「生活」と「造形」が密接に結合するものであり、「住むところ」の創造は、大衆・社会になくてはならぬものであったからだ。

しかし、その頃、女性を受け入れる建築教育の場はなかった。父を亡くし、六人姉妹の家族にあって、一家の柱は次女・君子氏であった。彼女は、昭和の初期に、和服でタクシーの運転手となり、女子美の学費と末妹・雪子氏（バイオリン奏者、ラモー室内楽団主宰者、一九七九年没）の音楽学校の学費の面倒をみた。したがって、女子美卒業とともに、美術出版関係などの仕事にたずさわる。アトリエ社のアルバイトをした。この社の社長・北原義雄は詩人・北原白秋の弟。両者とも私の親戚、不思議な縁である。桑沢家の六人姉妹は、いずれも芸術的感覚に優れており、洋子氏と雪子氏は一種の経営的感覚をあわせ持っていた。

ある日、銀座に「新建築工芸学院」という近代デザイン教育の先駆けともいうべき特異な研究所の存在を知る。一九三三（昭和八）年春のことである。学院は建築家・川喜田煉七郎氏が主宰していた。雀躍して、門を叩く。川喜田氏の作品は、一九二八（昭和三）年、日本における分離派建築展に入選。その入選作品が、一九三〇（昭和五）年、ソビエト・ウクライナのハリコフ劇場の国際コンペにおいて、オーディトリアム（音楽ホール、劇場、映画館）のテーマで四位に入選する偉業を成しとげた人である。ちなみに、ここで四位入選を偉業としたのは、そのときのコンペで、世界的建築界の巨匠ワルター・グロピウス教授は八位であり、ノルマン・ベル・デゲス(劇場改革運動の第一人者)は十一位、ハンス・ベルチッヒ教授(ベルリン大劇場の作家）は選外佳作であったからである。

「新建築工芸学院」は、一九三一（昭和六）年に創設され、バウハウス・システムによる最新の近代デザイン教育、とりわけ川喜田氏が独自に練りなおした構成教育に特色があった。同人として市浦健、橋本徹郎（後に研究所設立発起人、講師)、宮本三郎（画家)、亀倉雄策（グラフィックデザイナー、研究所講師)、伊藤茂平（ドレスデザイナー）等があり、バウハウス・デッサウ時代の数少ない留学体験者・山脇巌・みち子夫妻も応援するという異色の研究所であった。桑沢氏の「近代デザインへの開眼」は、このときに始まり、その後、長く地下水となって、約二十年後に「桑沢デザイン研究所」として、地表に噴出する。

桑沢氏は、当時を、次のように回想する。

生徒は総じて年配者で、立派な建築技師もいたし、あとで聞いたことだが亀倉雄策氏も学んだことがあるという。この夜学に魅了されてしまった私は、勤めの都合がつきさえすれば、昼間でも川喜田氏の事務所にいって、ドイツの新しい建築雑誌やインテリアの雑誌をむさぼるように開いた。

学院で得た新しい造形への魅力と刺激は、私の気持に大きな変化をもたらした。とうとう昭和八年の秋、勤めを辞めて川喜田氏の紹介で「住宅」誌の取材記者になった。この「住宅」というのは一般を対象の建築雑誌で本社が大阪にあり、私の仕事は東京で活躍している新進の建築家たちの作品の紹介と、原稿取材であった。当時取材にあたった方たちは、堀口捨己、故蔵田周忠、土浦亀城、山脇巌、谷口吉郎、吉田五十八、アントニン・レーモンド、小池新二、山口文象（註・後に研究所講師）、前川国男などの先生方であった。

この仕事は一週間から二週間で片づいてしまったので、そのあい間に別の仕事ができた。その一つに「建築工芸アイシーオール」誌の編集の手伝いがあった。この雑誌は、川喜田氏が毎月会員に向けて発行している、いわば建築工芸の参考書のような性格のものであった。もう一つの手伝いの仕事に、川喜田煉七郎・武井勝雄共著「構成教育大系」の編集があげられる。これは新しい図画工作の指導書であり、造形の基礎の参考書であった。(中略)

いずれにしても、川喜田氏の構成教育にはじまり、建築界における機能主義の思想と作品の一端にふれ得たことは、当時の私に素晴しい刺激をあたえたと同時に、その後の仕事と人生に大きな示唆をあたえたものであった。

(『日本デザイン小史』日本デザイン小史編集同人編、ダヴィッド社、一九七〇年)

この頃、写真家・田村茂氏(後に研究所講師)を知り、結婚する。田村氏との出会いから、建築写真家・渡辺義雄氏をはじめ、数多くの写真家との交流がはじまるとともに、一九三〇年代半ばから後半へかけて、グラフィックデザイン、報道写真の本拠となった「日本工房」「中央工房」「国際報道工芸」などの先駆者、有能なメンバーとの交流がはじまる。「日本工房」の創始者・名取洋之助氏は、きわめて精力的かつ天才的な写真家であり、ディレクターであった。戦後は、「サン写真新聞」、のちに「岩波写真文庫」の創刊者として知られている。晩年は、再び写真家としての独立を期し、ビザンチン芸術に魅せられて、ヨーロッパの取材旅行中、病に倒れ、日本のフォトジャーナリズムとグラフィック界に偉大な足跡を残した。氏は桑沢デザイン研究所において特別講義をしている。

当時の「日本工房」と名取氏、それらをめぐる人たちについてグラフィック・デザイナー・亀倉雄策氏は、次のように述べている。

名取洋之助という天才は——ミュンヘンで写真の勉強をしていたのだ。二〇才の若さで、ベルリーナ・イラストリルテ・ツァイトウング社のカメラマンとなり、そして一九三二年世界的な写真通信社ウルシュタインの特派員として、メクレンブルグ女史を携えて日本に帰って来た。

そうしてルポルタージュ・フォトという言葉を普及させ、写真の新しい眼を日本人に開かせた。それは一九三二年のことである。

ドイツではすでにレーゲル・パッチやモホリ・ナギイの写真が新しいリアリズムの運動として口火をきっていた。そして名取は「日本工房」を創立して、写真家として木村伊兵衛、デザイナーとして原弘（註・後に研究所講師）、評論家として伊奈信男の参加をみて出発した。しかし、これはどの位続いたか、私はあまりはっきり知らないが、やがて分裂した。それで分裂組は「中央工房」を創立した。

（『日本デザイン小史』ダヴィッド社）

この頃、有名な英文グラフ雑誌『NIPPON』が創刊される。「日本工房」は当時、デザイン＋写真の仕事としては最高度の組織だった。一年に四冊『NIPPON』は、発刊された。

桑沢氏は、これらの時代に河野鷹思（後に研究所講師）、山名文夫、高橋錦吉（後に研究所・東京造形大学のロゴタイプをデザインする。講師）、高松甚二郎……といったグラフィックデザインの先駆者たちを知る。

一九三六（昭和一一）年より、桑沢氏は東京社（現婦人画報社）の『生活の新様式』の編集ディレクティングに携わり、これを契機に同社の編集部員となる。婦人画報編集の仕事に携わるうち、日本版『ヴォーグ』を目指す同社のムードのなかから、次第に服飾担当の地位を確保して、ドレスデザインの方向へ傾斜していく。

そうした過程を経て、一九四二（昭和一七）年、銀座に「桑沢服装工房」を設立し、いよいよ本格的にドレスデザイナーとして独立の道へ向かって出発する。

編集者からドレスデザイナーへ　銀座に「桑沢服装工房」を新設

そこで目指したものは、生活の中で実際に着られ、誰にでも安価で求めやすい、シンプルでスポーティな感覚の商品の製作であった。対象は、特定の金持ち階級の注文による一品生産でなく、今日でいうプレタ・ポルテであり量産服の構想であった。当時、「既製品」は「ぶらさがり」と蔑視されて、粗悪品の代名詞とされる時代のことであり、今日の既製服の一般化に先立つこと六十年である。

そしてまた、この頃すでに、今日でいうところのコーディネート・デザインの発想を実践した。スカートとスポーティなシャツブラウスという単品（ユニット）の組合わせの変化によって、数多くのバリエーション・スタイルをユーザーが創出するという発想は、量産服の発想とともに、長年にわたって、その実現普及にかけた飽くなき情熱と先見性には敬意を表したい。ユニット・デザインの発想は、一九二八（昭和三）年、豊口克平氏（後に学園理事、教授。令息協氏は東京造形大学学長と父子二代にわたる）、蔵田周忠、松本政雄等によって結成された型而工房において「ユニット家具」が提唱されたことに原点があり、桑沢氏の視野の広さ、人間的交流の幅広さを物語っている。「桑沢服装工房」を拠点とする、ドレスデザインの啓蒙実践活動は、しかし、意外な早さで終局を迎えることになる。すなわち、戦争の激化によって生命ともいうべき衣料は統制されて、デザイン活動どころではなく、東京空襲は激しくなって新潟への疎開を決意せざるを得なくなり、壮途空しく閉鎖された。

颯爽とデザイン活動に立ち上がった桑沢氏と私の運命的な出会い

「戦後」は突如として、戦後であったのではない。戦前の、燃えさかったデザイン・造形活動の炎は、キナ臭い戦争によって圧殺され、無惨に消えたかにみえた。

敗戦。

物心の荒廃。

蟻の群れを踏みにじっても、幾匹かの蟻は九死に一生を得て生き残るように、戦場から、あるいは空襲の焼け跡から、デザインの先駆者たちは、その空白を取り戻すべく、新しい時代へ向かって猛然と立ち上がる。戦争という断層を透過して、継続のはじまりである。

一九四六（昭和二一）年、本郷・真砂町。

寒々とした焼け跡の瓦礫だらけの中にある、粗末な仮社屋の婦人画報社で、私は桑沢氏と会う。

桑沢氏は、新進デザイナーであり画報の常連執筆者、三十五歳。私は、大学出たての海軍特攻隊生き残りの編集者、二十五歳。桑沢氏は婦人画報社編集局の先輩であった。

初対面の印象は、竹を割ったような爽やかさで、姉御肌。小粋。スラックスが良く似合った。痩身に似合わぬ太っ腹。スパスパと煙草を喫い、お酒が大変強かった。

清水幾太郎氏（社会学。後に特別講師）の目には、次のように映っている。


もう二〇年以上も前になる。アメリカとの戦争が始まった直後、私が陸軍徴員としてビルマへ送られるというドサクサの中で、私は初めて桑沢洋子さんに会った。やはり、今日と同じように痩せていた。あんなに痩せて、背の高い女性も珍しかったが、あんなに積極的なタイプの女性も、当時としては非常に珍しかった。しかし、彼女の積極性を押し潰す戦争が何年も続いたのだ。

（『桑沢デザイン研究所一〇年の歩み』編集発行・学校法人桑沢学園桑沢デザイン研究所、一九六三年）

桑沢氏自身、生来、無口であったという。

それが、戦後、堰を切ったように、ドレスデザインひいてはデザインの本質を説き、日本人のためのデザインを追求し、デザイナーの社会的地位の確立について熱っぽく訴え、作品に、執筆に、講演に、啓蒙運動を全国的に展開していく。今日、「世界的グラフィックデザイナー」といわれる亀倉雄策氏でさえも、世間では「ポスター屋」や「看板屋」と区別のつかない時代であった。

はじめ、鷲谷の洋裁学院の雇われ院長となる。外からみれば、戦後、群生した洋裁学校の一つに過ぎなかったが、教育の目標と質は高く、他に類をみないものであった。集まった人たちも、単なるお嬢さんばかりでなく、女性解放運動の闘士や、編集のベテランなど筋金入りの女性たちがリードし、中核的な牽引者として、桑沢デザイン研究所創立以前の、母体づくりに貢献する。

一九四七（昭和二二）年、土方梅子氏等と「服装文化クラブ」を結成し、また、「婦人民主クラブ」の櫛田フキ、神近市子氏等と、服装を通じて全国の都市、農漁村、工場などにとび込んで啓蒙活動に東奔西走する。

戦後日本のデザイン活動は「洋裁」から

敗戦後、二年目。

殺伐とした記事ばかりの新聞に、「ニュールック」という文字が、人目をひいた。ギスギス・ドロドロの記事ばかりの新聞に「ニュールック」の文字は、新鮮であった。パリのデザイナー、クリスチャン・ディオールという男性デザイナーによる、新しいデザインの傾向を示す最初のもの。

長かった戦争中、世界の女性は軍服のようにいからせた肩、活動的なズボン、短いスカート。日本女性は袂《たもと》を切り、モンペをはいて竹槍を持ち、バケツの水を運んで消火に活躍した。

「ニュールック」は、忘れ去っていた女性らしいなだらかな肩の線、歩くと優美に揺れるロングスカートのシルエットで、世界の人たちに、「平和のよみがえり」と「人間性の復活」をしみじみと訴える、衝撃的なニュースであった。これは、ファッションがニュースになった最初の事件であった。

このニュースは、フランスファッションの復活として、全世界に影響を与えたばかりでなく、戦後の産業・輸出の源泉となり、世界のデザイン、デザイナーの立ち上がりの原点となった。戦前から、「衣・食・住」という言葉を、私は意識なしにつかっていた。戦争、とくに爆撃を受けた国土・生活は、壊滅した。ゼロからの出発！　最初に立ち上がり、復活したのは「衣」であることを実感した。

戦前、敗戦直後、日本の社会には、「デザイン」「デザイナー」の言葉が存在しなかった。「美術」「工芸」「応用美術」「造形芸術」などと呼ばれていた。

戦後、最も早く立ち上がったのは「服飾デザイン」、当初は「洋裁」と呼ばれた。ニュールック、クリスチャン・ディオール、パリ・モード、ファッションなどのカタカナが、新聞に乱舞した。全国に洋裁学校が群生し、洋裁家があふれた。デザイン、デザイナーの外国語が日常化した。一般には、「デザイン」とは「洋裁」を意味し、「デザイナー」は

「洋裁師」を指した。洋裁の語源は「和服」に対する「洋服」であり、「裁」とは「裁縫」、布地を「裁ち、縫う」意味で、今日のデザインのように「創造性」の意味は、全く含まれていない。日本の裁縫は、型が決まっており、技術上の「裁つ」「縫う」裁縫技術が主体であった。

経済復興とデザイン分野のまとまり

戦後三年。一九四八（昭和二三）年。

デザイン分野の中、ドレスデザイン、通称、洋裁の立ち上がりは、建築、グラフィック、工業デザイン等に比べ最も早かった。「日本デザイナークラブ」（ＮＤＣ）の結成は、デザイン分野のなかで先鞭をつけた。全国的に洋裁学校が開設された。お寺の広い座敷は格好のお座敷教室となり、お寺の経済を潤した。

戦後五年。一九五〇（昭和二五）年。

朝鮮戦争が起こった。アメリカは南（大韓民国）を支援した。日本は日米安保条約のもと、物資の補給・生産の基地となり、経済復興のきっかけとなった。

敗戦は、日本の経済をドン底につき落とし、他国の戦争は、日本の経済復興に加担した。

昭和二十六年。朝鮮戦争をバネにした繊維生産の増強は「糸へん景気」をもたらした。「日本デザイナークラブ」の結成を追って、グラフィックデザインは「日本宣伝美術会」(日宣美)、建築界では「日本建築家協会」が結成された。

この年、工業デザイナー、レイモンド・ローウイが来日した。私たちは「工業デザイン」「インダストリアルデザイン」の存在を、初めて知った。口紅のように小さな物から、機関車のように大きな物まで、インダストリアルデザイナーの手によってデザインされる世界が、インダストリアルデザインだということを。

その頃、専売公社は「ピース」のデザインをローウイに頼んだ。デザイン料百五十万円といわれて腰を抜かした。日本人の平均月給が六百円の時代であったから。

それまで、日本では「創意」「創造」は、タダと考えられていた。よその国から、「デザインの盗用」といわれてもピンとこなかった。「デザインの後進国」であったのだ。

雇われ洋裁学院長から独立の芽――「ＫＤ技術研究会」へ

一九四八（昭和二三）年、桑沢洋子氏は多摩川畔の洋裁学院長となり、いっそう発展していく。このあたりの移り変りを、彫刻家・佐藤忠良氏（後に学園理事、桑沢デザイン研究所・東京造形大学教授）は、軽妙な筆で次のように記している。

シベリアから帰った二三年（註・昭和）、どういう風の吹きまわしか、デザインのことなどちっとも知らない私に、ニュースタイル女学院からデッサンの先生に来いという話があって、そこで桑沢洋子という女史をはじめて知った。隣はガチャンガチャン音がする手工業的石ケン工場で、私は舞鶴でもらった兵隊靴と雨外套姿で通い、どんな教え方をしたのか今は記憶にない。まだ肥っていて丸かった。

なにかの理由で洋子女史、そこをやめたので、私も多摩川べりの学校について行った。タタミ敷のお座敷洋裁で、天気のいい日などは川をへだてて富士が見えたりすると、先生も生徒もデッサンなどやる気がなくなり、河原に出ては歌ばかり唄っていた。四、〇〇〇円ばかりの給与が一、五〇〇円に下り、また上ったころ洋子女史は今度も何かの理由でそこをよしたので、私もよした。

（『桑沢デザイン研究所一〇年の歩み』）

この頃、私も講師として招かれた。先生というのは、あとにも先にも、ただ一度、海軍時代に電子工学（エレクトロニクス）の最先端をいくレーダーの教官をしたばかりであった。傍目八目《おかめはちもく》でしゃべったことが、当時、最も権威のあった三越本店のデザイナーの入社試験問題にズバリ出て、合格した生徒さんからお礼をいわれたのには、びっくりした。同じ頃、私は、清水幾太郎氏夫妻や佐藤忠良氏と、編集者として取材で面識があったのも、後の研究所設立に幸いであった。

卒業生の一部に、専門家として、もっと勉強したいと希望する人や、啓蒙運動に意義・

佐藤忠良氏（デッサン）　※氏名後の（　）内は専門課目

雇われ洋裁学院長から独立の芽——「KD技術研究会」へ

使命を感じる人たちがいて、一九五〇（昭和二五）年「ＫＤ技術研究会」が結成される。この年に、桑沢氏は母校・女子美術短期大学の講師となり、教育の方向へさらに一歩を進める。

「ＫＤ技術研究会」は、意欲的に勉強会や講習会を開催し、機関誌を発行した。その範囲はドレスデザインを超えて、デザイン諸分野から人文科学、自然科学にまでおよんだ。私は一九五一（昭和二六）年頃から、乞われて、婦人画報の編集のかたわら、無給で「ＫＤ技術研究会」の仕事をするようになる。企画、編集、原稿執筆、翻訳（？）、レイアウト、表紙デザイン、イラスト、バッジのデザインから印刷屋の交渉まで何でもやった。ここでは、周囲はうら若き女性群、友人たちからは竜宮城の浦島太郎ならぬタカマツタロウと羨ましがられたが、現実はさにあらず。その心理的重圧は、なかなかのものであった。会は、全国的に支部をおき、会員は年々増加して五百名くらいにまでなる。スタッフ数名はもちろん女性ばかりであった。

思いがけぬ研究所創立のきっかけ

一九五二（昭和二七）年頃であったか、市ヶ谷に日本織物出版社の社屋が完成、『流行』が発行された。桑沢・高松・宮内裕（ファッション画家・大内順子氏夫君）が常任執筆者となった。社長・鳥居達也、編集長・瀬戸忠臣の両氏を紹介された。鳥居氏は、同じ海軍予備学生出身。頭が切れた。彼は将来、百貨店の時代から専門店の時代へ移行すると予測。日本のトップ・デザイナーを結集して、オリジナルデザインのドレスを制作、全国の専門店で販売する構想を打ち出した。桑沢氏をふくめて山脇敏子、杉野芳子、田中千代など、日本を代表するメンバーをそろえた。新進デザイナー森英恵氏が最年少の時代。昭和二十八年のことである。

布地の仕入れ、デザイナーとの交渉は、関西在住のＮ氏が担当。荻窪の「ＫＤ技術研究会」事務所へも、しばしば来訪した。

一九五三（昭和二八）年、春さきの頃であったろうか。N氏が桑沢氏との仕事の打合わせに来訪、いつものように事務所に顔を出した。

「いやぁ、皆さん。ようまぁ無給で働いてまんな。いつもホトホト感心してまんのや。わてもな、いちいち関西から出張はカナイまへんわ。さいわい女房が東京に土地持っとるんで、そこへ家建てて本腰おろそうかとおもうてまんねん」

「それ、どこです？」

「青山四丁目ですわ」

「いやぁ、いい所ですね。実はここの事務所、都心から遠いんですよ。荻窪駅で降りて四面道、そこからまた奥へ。住むにはいいでしょうが、仕事となると出版社の人にボヤかれる。もうすこし便利な所だといいんだがなぁ、って」

N氏は、ふと会話を切って考えていた。

「よろしおま。こないな案は、どうだっしゃろ。青山の土地は、五十五坪。そこへ二階でも建てて、使われたらどうだす。わてらは夫婦二人きり。どこぞの片隅に、住居だけ作ってもろうたら、それでええのですわ」

「え、それ本当？　そんなことして奥さんに叱られませんか？」

「わて、いつも桑沢センセ、皆さんのこと、女房によう話してまんのや。わてに任しておきなはれ」

なんたる朗報！　瓢箪から駒！

その朗報を伝えるべく、桑沢氏の書斎へ突進した。

桑沢氏はいつものように原稿執筆中。灰皿は、煙草の吸殻の山であった。かいつまんで、N氏との話のいきさつを話した。桑沢氏は、新しい煙草に火をつけた。

「どうです。もういいかげん『雇われ洋裁学院院長』は、やめましょうよ。独立独歩の桑沢さんらしくない。たった一つの教室でいい。自分の教室を持ちましょうよ」

桑沢氏は、一瞬遠くを見て、言った。

「それもそうね。あんたの言うとおりだわ。とにかく、あんたになにもかも任せるわ」

「それ、N氏の話を『承諾』という意味ですか？　N氏にそう返事しますよ」

「いいわ」

ことは、きわめてアッサリと決まった。

いまにして思う。

この日常的な会話が「桑沢デザイン研究所」の創立へ発展しようとは！

そして翌年、その研究所の一角に、桑沢氏待望のデザイン・制作・販売主体の有限会社「桑沢デザイン工房」も誕生した。これこそ、桑沢氏が戦前からの夢であり本命であった。

美術評論家・勝見勝氏との出会い

一九五一（昭和二六）年頃、婦人画報社編集部に、背を丸め寒そうなレインコート姿の人が訪れた。

編集部戦前の先輩・川辺武彦氏が、その人を紹介してくれた。

名前は勝見勝。美術評論家。顔色が悪く、神経質そうに瞼をしばたたかせ、ヘビースモーカーであった。川辺氏は戦前、近代デザインの先駆的集団「日本工房」の人たちと懇意であり、私が子供の時代から愛読した『コドモノクニ』の編集者でもあった。

「やぁ、ぼく勝見です。よろしく」

優しそうな眼が微笑した。東大・美学美術史の出身。戦前、産業工芸指導所や美術書の出版の「アトリエ社」（親戚・北原義雄社長）の顧問（美術・工芸）などをしていた。戦後の混沌とした世相。美術評論の執筆などで生活できる時代ではなかった。来社の目的は、なにか女性向きの短編の翻訳をさせてくれないか、ということであった。私が担当となった。さっそく具体案を練り、マイケル・マリア・リルケ原作「マルテ嬢の手記」と決定した。

数日後、完成した原稿が届けられた。

当時の編集部の方針は、時代の最先端をいく、洗練されたヴィジュアルデザインのモダニズム。日本のグラフィックデザイン、新しい写真映像の先駆「日本工房」（主宰者・名取洋之助）の影響が強かった。写真家・名取洋之助、木村伊兵衛、土門拳、藤本四八、グラフィック・原弘、山名文夫、河野鷹思、亀倉雄策、高橋錦吉、写真家・田村茂、同夫人・桑沢洋子氏、編集長・熊井戸立雄氏など多彩な人材によって、編集部のユニークな体質は構成されていた。それらの人たちのセンスのよい洗練されたレイアウト、それにピタリの文字原稿の基本が叩き込まれた。

勝見氏の原稿に眼をとおす。翻訳独特の冗漫な文章とレイアウトが、ピタリと噛み合わない。若気のいたり、といおうか、編集部のポリシーに忠実といおうか、冗漫な表現はバッサバッサ。レイアウトに原稿をピタリとおさめてスッキリとした。

「マルテ嬢の手記」が掲載された新刊の雑誌が、勝見氏の手もとへ寄贈される。

すっかり顔見知りとなった勝見氏が、ヘビースモーカー独特の口の端に短くなった煙草をくわえて、ニコやかに現れる。

「いやぁー高松さん、あなたのレイアウト、すっきりした文章、上手いねぇ。ぼくの翻訳のキレ味が、とてもよくなった。あんた、ぼくより文章、上手いよ」

おもいがけず絶賛された。「そんなもんかなぁ」と、私は呑気であった。

第一印象。それが、どれほど大きな意味を持ち、深い「かかわり」を持つものか、まったく無頓着であった。

勝見氏が、たいへんな毒舌家であることを知ったのは、後のことであった。氏は初対面の印象の良し悪しで、対人関係が極端に変わる人であった。それから二年後。

「桑沢デザイン研究所の創立」の時点で、勝見氏と再会する。

好印象を持たれた勝見氏との再会は、私の人生、未経験の近代デザイン教育に対して、強力な示唆と惜しみない協力を得ることになろうとは！

勝見勝氏（デザイン原論）1961年（昭和36年）

桑沢洋子氏との出会い。

勝見勝氏との出会い。

この両者との出会いは、やがて戦後の日本のデザイン史上に、「桑沢デザイン研究所」および「東京造形大学」の名を残すことになるのである。

桑沢デザイン研究所創立前夜の熱気

一九五三（昭和二八）年。三番目の高田馬場にある洋裁学園で「デザイン教室」の企画をたてる。企画会議について、私のノートには次のように記してある。

日時　一九五三年八月二十三日。暑く雷雨。
場所　有楽町、レストラン「レバンテ」。
出席者　橋本徹郎　佐藤忠良　朝倉摂　桑沢洋子　高松太郎（企画、進行）。
テーマと講師
「ドイツ・バウハウスに留学して」水谷武彦（芸大教授）
「最近の建築」清家清（東京工大）

「アメリカの最新デザイン情報」剣持勇（インダストリアルデザイナー）
「色彩理論」橋本徹郎（女子美大）
「足の構造・機能と靴の歴史」近藤四郎（東大人類学教室）
「衣服の形態――衣服構造の史的考察」石山彰（女子美大）
「日本女性史」井上清
「題未定」江川和彦（美術評論家）
「旅ときもの」戸塚文子（『旅』編集長）

結果的には、水谷・江川両氏は実現しなかったが、講演内容は手際よくまとめられて機関誌に掲載され、その手腕は見事であった。

長い間、みんなが見ていた「われらの城」実現の夢。多摩川べりのお座敷教室で、天気のいい日には、みんなを裏山に連れていって、桑沢氏ほどの素晴らしいデザイン感覚・思想を持っている人が、一介の雇われ院長とは情ない、われらの城をつくって理想を達成すべきだと、ぶち上げると、そうだそうだと賛成する人たちがあって、なにやら発展途上国の独立前夜みたいな雰囲気となり、興奮気味に歌をうたったりして、お座敷教室へ戻った。

われらの城の計画が具体化するや、桑沢氏の理想の炎は、目ざめたように一気に燃え上がって、どうしても社団法人の研究所を創るのだと、一瀉千里に構想が、ぶち上げられる。佐藤忠良氏の表現によれば、彼女の発想が飛躍すると、周囲はテンテコ舞いをし、操縦士（桑沢）はいいが、整備士（高松）は大変だという。またインダストリアルデザイナー・秋岡芳夫氏流にいえば、クワさんは、メッタヤタラにシャッターを切り、定着作業をするタロさんが大変、の実にうまい比喩の如く、悪戦苦闘。なんどもなんども交通整理をして、ようやく、まとめあげたのが次のような、社団法人「日本服装科学研究所設立趣意書」であり、社団法人「日本服装科学研究所定款」である。

社団法人「日本服装科学研究所設立趣意書」

日本における女性の服装の実態は、戦争直後からみますと、極端な外国模倣はなくなりましたが、海外流行の断片的な摂取によって都会中心の表面的な服装のみに関心がもたれている状態であります。そのため、一般家庭内の服装、農村、漁村、あるいはその他の職場の仕事着という、もっとも私たちの生活の中心となっている服装の部門がなおざりになっております。それは、日本女性の社会的地位や日本全体の生活状態の認識不足、日本の気候、風土の研究調査の不足など、服装以外の部門との交流がなされていないところに原因があると思います。

一方、服装面にたずさわる職能人の現状をみますと、表面的にはデザイナーと称する専門家の進出がめざましいようにみうけられますが、事実は、本当の日本人のためのデザイナーも実力ある技術家も非常に少ない状態です。このことは、完全な職能人のための教育機関が全くないところに大きな原因があると思います。それは、花嫁学校式の家庭裁縫教育および少数の徒弟制度的な技術一方に偏した教育法のみにゆだねられているからだと思います。その結果、内職的デザイナー、裁断師、縫子、実力のない教師という半職能人が確固たる目標も持てないままに、たえず社会的不安におびやかされつつ生活をしております。このような状態では、相互の交流もまた、職能人としての社会保障、生活確保なども得られようはずがありません。

このような現状を、解決すべく、研究所設立のはこびになりました。

まず、日本全国の服装の現状および海外の服装を科学的に調査研究するとともに、服装を中心とした政治、経済、社会、心理、美術、保健などの各部門との交流をはかり、あわせて服装業界および服装関係団体、新聞、雑誌の部門とも締結して、総合的な共同研究を行いたいと思います。そして、都市と地方との服装文化の交流によって、真の日本の社会、風土、生活に適合した服装を示し、服装の向上をはかりたいと望んでおります。

また、職能人のためには、以上で得た総合的な資料を提供し、より完全な技術と感覚を身につける本格的な職能教育の機関をつくりたいと思います。そして、その結果得た実力と正しい意識をもった職能人のための社会保障促進に協力したいと思います。

一方、一般女性の実生活に必要な服装の作製に協力する方法として、一般家庭婦人、あるいは働く女性の職場に、指導者を随時随所に派遣したいと思います。これこそ、服装専門家として、日本女性の社会的地位向上のために、正しい日本の新女性美を生み出すために立派な具体的な仕事であると確信しております。

設立発起人御芳名（五十音順　略敬称）

朝倉摂　荒井勝子　有松藤代　安藤富美子　飯沢匡　石山彰　猪熊弦一郎　今井田功　小川安朗　奥光次　神近市子　亀倉雄策　菊地晃平　熊井戸立雄　桑沢かね子　桑沢君子　桑沢雪子　桑沢洋子　河野鷹思　近藤善勝　桜井悦　佐藤忠良　清水慶子　園池公功　高橋錦吉　高松太郎　田中秋雄　谷長二　谷野セツ　田村茂　土門拳　鳥居達也　中原淳一　櫛田フキ　堀江鈴子　松島雄一郎　宮島初子　向井良吉　室田紀美江　本吉信雄　八木沼貞雄　柳悦孝　山崎英一　山本松代　山脇敏子

ご覧のようにこの趣意書には、理想・意欲が、消化不良をおこしそうなほど沢山盛り込まれており、その人選は桑沢氏と私関係と約半数ずつであった。

一九五四年、桑沢デザイン研究所の誕生

待望のわれらの城は、当初「桑沢デザインスタジオ」であった。これまでの経緯からドレスが主体であり、工房と事務所を兼ねたスタジオである。

場所は、港区赤坂青山北町四の七〇。

一九五三（昭和二八）年十月、地鎮祭。

十二月六日、上棟式。北風が吹きすさぶ寒い日、代表として独り出席した。祝いの茶碗酒に幸福感がはらわたにまでしみわたる。

木造モルタル瓦葺。二階建。約五十坪。予算二百十万円。建築・家具設計は橋本徹郎氏。

当時、桑沢氏の持ち金は、僅か二十万円。清貧の人であった。

手持ちの金を無尽講に入れて借金をし、不足分を妹の提琴家・桑沢雪子氏に泣きつく。

創立時の桑沢デザイン研究所（青山）

一九五四年、桑沢デザイン研究所の誕生

戦前、学生時代に、新交響楽団の中に、燕尾服を着て演奏していたドイツ風の美しい女性を見たが、それが雪子氏である。ボーイッシュで、天真爛漫、芸術家にしては金銭感覚が抜群で、ラモー四重奏団の主宰者として男性奏者を従え、演奏中にギャラの計算ができるという愉快な人である。彼女は姉上からの頼みに、一肌も二肌もぬぐ。その頃、札幌への演奏旅行で初めて飛行機に乗るとき保険をかけ、搭乗まぎわにもまた保険をかけて、墜落したら命とひきかえに債務を果たそうとする姉さん想いの人であった。会計は、ドレスのお弟子さんの女性が、家計と兼務で奮闘する。

誰も彼も真剣であり、そのくせ、どこかユーモラスであった。

当初の社団法人の構想は、調査の結果、そう簡単に設立できないことがわかり、断念する。

デザインスタジオの内容は、検討しているうちに、しだいに「デザイン教育」、「服装デザイン工房」、「KD技術研究会」と、三つの方向へわかれていく。

講師は、桑沢氏と私とが知っている人々を合わせれば、日本で第一級の教授陣のかなりの部分を編成できた。私は、さいわい、日本のデザイン界・美術教育界の指導的立場にある勝見勝氏と意気が合っていたので、同氏を桑沢氏と橋本氏に紹介し、以後、ブレーンの中核となってもらう。

ドレスデザイン科は、桑沢氏の専門で実績があったから、カリキュラムの編成や講師の人選は、比較的やりやすかった。

問題は、リビングデザイン科である。

リビングデザイン科という名称は、勝見氏による造語である。はじめ design for living 科案が出た。これでは日本語の表現が長すぎるので、あえてリビングデザイン科という日本的英語となる。今日では、リビングデザインという表現は、すっかり世の中に定着してしまった。美術出版社は、さっそく『リビングデザイン』誌を刊行した。

こんなわけで、リビングデザインとはデザイン諸分野を総称するのだが、研究所の歴史からドレスが先発しており、ドレスデザイン科とリビングデザイン科の二科の編成となる。そういう意味で、リビングデザイン科は、現在のようにグラフィックデザイン、インダストリアルデザイン、インテリアデザイン……と独立した専攻でなく、広くデザイン全般を対象とし、その基礎を学ばせようとするのだから、空々漠々としており、広大な砂漠へ向かって探検に出発するのに似ていた。

創立前後から暗黙のうちに、桑沢氏は「ドレスデザイン科」を、私は「リビングデザイン科」を担当することになり、翌年「桑沢デザイン工房」誕生後、私は実質的に研究所所長の実務に忙殺されてしまう。

その頃は、桑沢氏も私も無我夢中であった。「桑沢洋子＝ドレスデザイナー」という固定観念にとらわれていた。後になって考えてみれば、「ドレスデザイン」は、リビングデザインの一分野であったのだ。ドレスデザインに対する桑沢氏の根源には、単なる軽薄な「おしゃれ」や「流行」ではなく、生活にしっかり根ざした服装デザイン精神の追究があったのだ。

亀倉氏「桑ちゃん　学校創れる女じゃない」

多忙のうちに昭和二十八年も終わる。

一九五四（昭和二九）年、四月七日。

「桑沢デザイン研究所」完成記念祝賀会の日。

私は、玄関入口で、来賓を迎えていた。

戦前から、桑沢氏と極めて親密であった、グラフィックデザイナー・亀倉雄策氏と高橋錦吉氏が連れだってやって来た。両氏とも、戦前のグラフィックデザイン工房の先駆「日本工房」（主宰・名取洋之助）の同人であった。高橋氏のレタリングの見事さは美術出版物の題字で有名であり、初期の「桑沢デザイン研究所」「東京造形大学」のロゴも同氏の作品である。三人は戦前から「桑ちゃん」「亀さん」「錦ちゃん」と呼び合うほど仲がよかった。

高橋氏は感慨深そうに言う。

「驚いたな。まさか桑ちゃんが学校創るなんて」

亀倉氏、とんでもないというふうに
「え、桑ちゃんが？　彼女、学校なんか創れる女じゃないよ。理屈っぽいけどね」

「じゃあ、誰が？」

「ほら、あんたの眼のまえにいる高松さん、彼だよ」

「ああ、なるほど。それならわかる」

そのとき、亀倉氏の炯眼《けいがん》、鋭い直観力に感心した。

若い頃から、桑沢氏の資質を熟知している亀倉・高橋両氏にしてみれば、このときの短い会話の中に、桑沢氏の服飾デザイナーとしての、優れた感性・才能は十分認めてはいたが、デザイン教育の創立者・経営者としては否定的であった。

このような創立の真相を知っていたのは、デザイン評論家・勝見勝氏、建築評論家・浜口隆一氏（建築家・丹下健三氏と東大同期）、建築家・清家清氏、二期会・画家の橋本徹郎氏（女子美大講師）、教育大名誉教授・高橋正人氏（私の妻・央子の実兄・国際的な造形教育家、教育大で同期）等の、ごく少数の人たちであった。

それから四十余年の歳月が流れた。

桑沢デザイン研究所同窓会が、研究所への功労者として、亀倉雄策氏を表彰した。その会で、ひさしぶりに亀倉氏と歓談した。

「やぁ、おひさしぶり。ところであなた、いま研究所で、どういう地位なの？」

「なんにも」

「なんにもって？　そりゃひどい。だって、桑沢デザイン研究所は、あんたが独りで苦労して創って、ここまで立派にしたんじゃないか。研究所がそんなに冷たいところとは思わなかったな。どうりで学校の出版物のどこにも、あなたの名前が載っていないのね。悲しいね」

それから数年後、亀倉氏は他界した。もう私が、桑沢デザイン研究所・東京造形大学の実際的な創立者という「真実の歴史」を知る人は、片手の数にもならなくなってしまった。

亀倉氏「桑ちゃん　学校創れる女じゃない」

桑沢デザイン研究所という名称は、本来、上から既成の概念を教える学校ではなく、未開拓の近代デザインの教育およびその基礎はいかにあるべきか、みんなで実験研究していこう、という意味からつけられた。したがって教授陣も東大系、東京工大系、芸大系、東京教育大系、千葉大系、シカゴ・インスティテュート・オブ・デザイン系、横浜国大系、ウルム造形大学系……など、多士済々であった。桑沢デザイン研究所は、小さくはあっても「日本の近代デザイン教育の実験の場」であり、それゆえに、欲得ぬきに情熱を傾けた先駆的拠点として、デザイン史上、意味をもつものといえよう。

当初の教育方針は、勝見氏、橋本氏、剣持氏、佐藤氏、金子至氏、清水幾太郎氏によって進められる。カリキュラムおよび講師の人選は、勝見氏の尽力に負うところ大である。連日連夜のように開校に間に合わせるべく会議が開かれ、佐藤氏によれば、

たいてい一晩に二つや三つくらい会合や用のありそうな忙しい先生たちが、桑沢の会議にはよく出席して、やたらに外国語の多い話題になるので、私には内容の半分も

わからず、貧乏世帯にしては少し酒が多いかなと思ったり、後始末の電灯を消して歩いたりがせめてもの私の参画の表現だった。会議の多いのは当時からの伝統であろう。

（『桑沢デザイン研究所一〇年の歩み』）

ということになる。

さて、研究所とはいうものの、学校経営には変わりない。独り夜中までかかって学費を決め、予想人員をたて、午前・午後・夜とクラスを編成し、月曜から土曜までフル回転。当時の私の経営哲学は「入るを計って、出ずるを制す」言いかえれば、よりよく「収入」の増加を計画し、「出費」は極力抑制しようという哲学であった。日曜には日曜総合講座、夏・冬には講習会と、びっしり収入計画を立てて、粗末な原稿用紙にチビた鉛筆で算術計算したのを、懐かしく思い出す。このときの素朴な計算は、いちおうの成功をみた。創立後から約五十年、いつの間にか何十億の予算となり、それでも足りないというご時勢からみれば、隔世の感がある。

入学案内書の表紙デザインは、当時、朝日新聞社発行の『THIS IS JAPAN』の表紙デザインをしていた宮桐四郎氏に、ポスターのデザインは高橋錦吉氏に依頼する。宣伝費といっても予算がなく、朝日の朝刊突出しと、地下鉄の駅貼りを大奮発した。なぜ地下鉄の駅貼りにしたかというと、学校への最寄りの駅は地下鉄「外苑前」であったから。この駅は、明治神宮外苑野球場で六大学リーグ戦——とりわけ早慶戦のときはドッと大群衆が殺到する効率の高いところであった。そのほか桑沢氏と私のかつての職場・婦人画報社は、当時の社長が私の伯父であったことが幸いして応援を惜しまなかった。いずれにしても沢山の人の好意と励ましに支えられて準備をととのえる。

夢にまでみた「桑沢デザイン研究所」オープニングセレモニー！

四月七日、夢にまでみた「桑沢デザイン研究所」完成記念祝賀会と、作品発表会が開催される。記念講演として、
「日本の農村着」今和次郎
「女の生活とデザイン」橋本徹郎
「日本の農村婦人」山本松代
「リビングデザインということ」勝見勝
「これからの服装デザイン」山脇敏子
が催され、ニュース映画のカメラが、歴史的光景を撮影した(現在行方不明)。
参会者の大半は、洋裁学校が誕生するものとばかり予想していた。出現したのは、「学

校名」の付かない「研究所」であり、聞いたこともない「リビングデザイン科」であったりして、これでは学生が集まらない、経営的に危険だと、企業筋の人たちは真剣に心配し、忠告する。一方、まえから研究会の活動に好意をよせていた重役級の有志が、当日、率先して下足番をかって出たりの、厚意にあふれた出発であった。

今日、青山通りといえば、原宿・六本木とならぶファッショナブルな若者の街であるが、五十年前は青山墓地、青山御所、神宮外苑に象徴される閑静な環境で、都電が眠そうに走り淋しいところであった。研究所は都電・青山四丁目、地下鉄・外苑前で下車。神宮の野球場へ行く途中の酒屋を左折し、爺さんと婆さんがやっている酒まんじゅう屋の角を入った、小路のつきあたり。婦人画報社専務・熊井戸立雄氏によれば「ひねくれた場所」である。

青山の工房にしても、渋谷の学園にしても、妙にひねくれた場所に建っている。しかし、このひねくれた場所が、実は一〇年前の実情を物語っているようで、私はふと胸をうたれるのだ。

一〇年前（註・研究所創立より）、デザイン教育などという仕事は理想ではあれ、決して陽の当たる場所にあったわけではないから、とぼしい財力で、とにかくこのひねくれた場所を確保したことだけでも一つの勝利であった。したがって、その場所に苦心さんたん建物をたて、とにかく教育の第一歩をふみだした時の桑沢さんの喜び、協力者・高松さんの顔は天下をとったように明るかった。

（『桑沢デザイン研究所一〇年の歩み』）

夢にまで見た「桑沢デザイン研究所」オープニングセレモニー！

ユニークな授業風景

授業風景も異色であった。

授業が始まるや、先生はいきなりバケツを取りだし、ハタキでガンガンと叩く。度肝をぬかれていると、いまの音を形に表現せよと紙がわたされる。横浜国立大学・真鍋一男氏の授業である。

また、ある日。

ワラ半紙が、配られる。

「コノ紙ニ、点ヲ一ツ、自由ニ打ッテ下サイ」

たどたどしい日本語の先生が、なんの説明もなく、こう切りだす。一同、呆気にとられ、しーんとなったまま時間ばかりが経っていく。具体的なデザインの勉強を期待してきた社会人たちは、手も足も出ない。ざわつきながら、点が打たれる。

「モウ一ツ、打ッテ下サイ」

まるで、禅問答である。

バウハウスの閉鎖後、アメリカへ亡命したモホリ・ナギがシカゴに創設した、「インスティテュート・オブ・デザイン」、通称「ニュージャーマン・バウハウス」で学んだ、世界的写真家・石元泰博氏の基礎教育の授業である。青少年期からアメリカに留学して、シカゴのスラム街の写真によって国際的に知られ、一九五三年、帰国するや、いち早く桑沢デザイン研究所へ招いた。初夏の暑い日、仮寓を訪ねると、Tシャツにズボンの石元氏が、眩しそうに出てきた。シベリアから帰ったばかりの佐藤忠良氏が、坊主頭に兵隊服、素足で眩しそうに出てきたときと、一脈通じていた。黒い顔にメガネが光って、失礼ながら、どうしても日本の人と思えず、日本語がたどたどしくて、こちらの日本語もギコチなくなりそうであった。話のなかで「自分は」と、陸軍みたいな表現をするのがアメリカ国籍の人と不似合いで、ひどく頑固な印象であった。後に、真冬でも素肌にじかに黒のスェーター一枚で、グレーのフラノのズボン、肩からライカのスタイルは頑固に守られた。カメラは、まるでサムライの刀のように肌身はなさず、そんな大事なカメラを教室では床にじかに置くところは、いかにもアメリカ風であった。

点を打った紙が集められ、床にならべられる。ならべてみると、ただ点を打っただけなのに、一つ一つの紙に個性が現れて面白く、新鮮な発見であった。この授業は、ワラ半紙を、すなわち二次元の空間（スペース）として認識し、たった一つの点を打つということに、無限の可能性のあることをおしえる。頭の固い学生には、ポケットから銅貨を出して紙の上にばらまき、偶然性による構成のあることをさとらせる。

さらに、点を打つことによって、一つの空間におけるtensionの発生する問題、点と点、点と空間とにおけるtensionの問題を理解させる。点をしだいに拡大し、文字や活字のマッスとしてshapeや色をあたえれば、グラフィックデザインへ展開し得ること、二次元を三次元の空間へ展開していく発想など、授業の根底には、既成の概念にとらわれない「無限の可能性」への追求について、熱心に語られた。

textureについても、実習をとおして、ずいぶん厳しい態度で授業がされ、textureの日本語訳は、どれも意味内容が違うということで、単なる感覚・技術の勉強ではなく、深く考えさせる哲学であった。ストラビンスキーやシェーンベルク、ナギの『ビジョン・イン・モーション』、ケペシュの『ランゲージ・オブ・ビジョン』など、熱っぽく、諄諄《じゅんじゅん》と話しかけ、考えさせた。

ユニークな授業風景

石元泰博氏（写真）

真鍋一男氏（構成）

意表をつく授業にとまどう学生

　ある日、教室から火事と間違えるほど、白い煙が吐き出される。煙る教室では、何十人の学生が線香にむせながら、紙に点々と焼けた穴をつくっている。点による構成で、裏に色紙を貼ると、美しい点の構成になる。実習現場は、さながら合同慰霊祭のようで、線香の煙と臭いがたちこめ、本場バウハウスもびっくりする純日本的学習風景であった。

　またある日は、金属板に太い釘で穴をあけるため、いっせいに金槌で叩くので、ガンガンという金属音は耳を聾するばかり。いまなら、さしずめ騒音公害で、近所の住民から訴えられたであろう。

　どの授業も、きわめて個性的で意表をつくものであったから、即効的なデザインの勉強を期待する学生たちはとまどい、脱落する者が多かった。脱落者が出るたびに、胸が痛んだ。創立のときから、「デザインにたいする既成概念の打破」というのが合言葉であったから、当然のなりゆきである。

「こんな子供みたいな授業に、いったい、どんな意味があるんですか?」

こうした質問は、たえず社会人の学生から繰り返される。なんとか、答えなければならない。

「みんなが望んでいるのは、きっと、デザイナーになるための即効薬だろう? 本格的なデザイナーになるのに、そんなうまい薬なんてないよ。今やっているのは、君たちからみれば、子供の遊びにみえるだろうが、それなりの意味があってね。端的にいえば、総合ビタミン剤だな。基礎体力がつくんだよ。学校を卒業してからね、じんわり効いてくる。あせらない方がいいよ」

社会人だけに、技術の勉強を望む学生も多い。

「もっと、具体的な授業をしてくれませんか?」

「技術面の希望はわかるけれど、この研究所は違うんだな。クルマにたとえれば、一年間で完成車をつくるための教育じゃないんだよ。専門技術の勉強なら、社会に出れば、嫌でも覚えさせられる。ここはね、しっかりしたエンジンをつくる教育の場なんだ。基礎教育は、会社でおしえてくれない。しっかりしたエンジンがつけば、社会へ出て、自分の道をひらいていくことができるんだよ」

「はあ」

浮かない顔をしている。

「それが気に入らなければ、しょうがない。君の気に入る町の学校へいくんだね」

どうせ脱落するのなら、こっちから先手を打って、と勇ましく出たものの、内心ではハラハラする。

自分の息子がこともあろうに女性の服のデザインを学ぶなんて

ある日、立派な紳士が訪ねてくる。名刺をみれば、高名な大学教授。

「実は、息子が私の大学に在学しているのですが、最近、どうも様子がおかしいんですよ」

「はあ」

「よくよく聞くと、大学はつまらないから、お宅の学校へ行っているというじゃありませんか。それから騒ぎになって、親族会議をひらきましてね」

「……はあ」

「桑沢デザイン研究所という名前を、誰も知らないんですよ。こともあろうに、男のくせに女の服のデザインをやっているんです」

「おことばを返すようですが、世界的に有名なディオールは、れっきとした男性で、フランスのため外貨を稼いでいます」

「お宅の学校、ほんとうに信用してもいいんですか？　息子の決心はひどく堅くて、テコでも動きません。将来モノになるでしょうか？」

「決心が堅いのは結構じゃありませんか。この道は、いい加減な気持じゃ、やっていけませんから……。学校を信用なさるかどうかはともかく、私たちは一所懸命やっています。息子さんが将来、モノになるかどうかは、ご本人の努力と才能にかかっています。先生の大学でも、同じことではないでしょうか……」

汗をふきふき、応対する。一寸の虫にも五分の魂、である。


自分の息子がこともあろうに女性の服のデザインを学ぶなんて

突然、学生を前衛音楽会へ　その費用を学校が負担を

四月、五月となって日は長くなり、午後の授業がすんだと思う間もなく、夜の授業になる。十二坪一つの教室だが洒落ていて、天井は吹き抜けで中二階つき。ただし、玄関で靴を脱ぐ仕組み。お手伝いのノンちゃんは、玄関を掃き清め、水を打って、準備する。ノンちゃんは、夕食の仕度もしなければならないから忙しい。

「色彩」の橋本先生は、巨体に似合わずせっかちで、教材の洋書をどっさりと小脇にかかえ、汗をかき、四畳半の講師控室へ突進する。駆けつけると、なんと先生は靴下のまま。ノンちゃんがスリッパを忘れたのだ。あわててスリッパを足もとへそろえると、そんなことはおかまいなしで、

「あ、高松さん。今日の授業は、学生に前衛音楽を聴かせに行きます」

藪から棒である。これからデザインを学ぶ人間は、四次元の音楽も理解しなければならない、というお説。お説はわかったけれど、そのくらいの費用は学校がもちなさいと言う。そんな無茶な。このクラスをやれば、ほかのクラスにも。今年やれば来年も。

「とても、それは……」

「なに、駄目だというの。それじゃ、ぼくが費用はもつ」

高血圧の赤ら顔がいっそう赤くなり、心臓病の息づかいがいっそう荒くなって、詰めよってくる。必死に防戦、ようやく納得してもらう。

突然、学生を前衛音楽会へ　その費用を学校が負担を

3. gray scale
5. color solid (
6. gray harmonies A2
7. other monochromatic harmonies (A2)

橋本徹朗氏（色彩）

昼労働して夜学ぶ学生の情熱・迫力への絶賛

国立大学なみの理想論が続出して、台所の方は大あわてである。学生が脱落せぬかと一喜一憂する。学生が一日でも休むと、自宅へ電話する。脱落の予防である。一人減ると一人分の収入が減る。これは重大なことである。昼間の学生は贅沢で、午後の授業になっても帰ってこない。そのうち高名な講師がみえる。あわてて、学生を呼びにレストランへ走る。夜間の学生には学費滞納者があって、ときには督促役に早変わりし、ときには便所掃除も手伝ったりして、一人何役もやらなければこなせない、草創期であった。

夜の休講には、もっとも神経をつかう。なぜなら、夜の学生のほとんどは昼間働いている人たちで、給料を学費に充てている。なかには、有名会社を辞めてデザイナーに転身するため、二年分の学費を用意している人、一年間会社を奥さんに託して、広島から内地留学をする社長さん、夕食を食べずに遠い会社から、自転車のペダルを踏んで駆けつける人ありで、先週も休講、今週も休講では、どんな有名講師でも弁解にならず、そんな時はやむなく代講（？）して、なんとか埋め合わせをする。何十年か後、いまをときめく世界的インテリアデザイナーの倉俣史朗君に会ったら、休講の埋め合わせにしゃべった話から、インテリアデザインの道に入ったとのこと。夜間の学生はとにかく真剣であり、大学系の教授は口を揃えて、学生の目つきが大学生とは違い迫力がある、と絶賛した。

青山時代の授業は、のどかであると同時に一所懸命であり、一流の講師が惜しげもなく持てるものを披瀝し、学生の数より先生のほうが多いという贅沢さであった。

淡島雅吉氏（グラスデザイン）右より２人目　1961年（昭和36年）

栗津潔氏（グラフィックデザイン）

昼労働して夜学ぶ学生の情熱・迫力への絶賛

塙経亮氏（ドレス技術）

皆川正氏（工業デザイン）

初期の手さぐり的授業に苦労した講師と頑張った社会人学生の情熱

グラフィックデザイナー・山城隆一氏によれば、

はじめて青山の桑沢デザイン研究所に出かけた日を今もあざやかに思い出す。ぼくは太宰治の話をした。デザイン志望の人たちを前にして、変な話をしたものだと思いかえさないでもないが、当時ぼくの思考のバックには、文学青年的な姿勢がつよかったので、ついついあんなことになったのだと思われる。きき手の中に、学生にまじって、洋子先生、高松さん、佐藤忠良さん、朝倉摂さん、それに婦人画報の編集の人たちもまじっていて、なにか試験されているみたいで、ぼくは全くアップアップしてしまった。摂ちゃんはそんなワケで、ぼくの教室で一年余り一緒だった（註・当時はこれぞという講師の授業には聴講が可能だった。朝倉氏は、一年間、文字どおり一年生として勉強した）。大へんな学生を引きうけたものである。なにしろ学生の数が一〇人くらいだったから、寺子屋みたいなもので、たのしかった。よく学び、よく遊んだ時期である。

焼芋屋が教室の前を通ると、女の子がとびだして行って、芋をかじりながら勉強したのもなつかしい想い出である。その頃、ぼくはそんなに多忙でなかったせいもあるが、毎週欠かさず教室にでたものだ。先生というよりは友人みたいな雰囲気だった。

また、石元泰博氏は、

先生の数の方がずっと多いのだから、考えようでは贅沢この上ないものであったが、教える方も手さぐり状態なら、教わる方も研究意欲に燃えるものの、一体どういうことを教わるのか、はっきりしないまま学校の門をたたいたのかも知れない。しかし、しょせん他より一歩先んじて勉強しなければならないわれわれは、常に暗中模索の状態にある。そういう意味でとにかく自分達の手で、進む道を切り開いてゆくしかなかったあの頃は、いわば、最も桑沢らしい姿であったかもしれない。

（いずれも『桑沢デザイン研究所一〇年の歩み』）

というような雰囲気であった。

異色の講師による興味豊かな授業の魅力

最初の入学案内書の裏表紙には、教育方針と内容を英文で表現している。

good design
good taste
good home
guidance of kuwasawa design studio

たしかに、会議では外国語がやたらにつかわれた。デザインそのものが外来のものであり、適訳がなかったり、日本訳にすると意味内容がゆがめられる、などのことから外国語が多かった。当時、晃文堂からフーツラボールドの書体が出て、バウハウス風の重厚な感覚が好まれ、小文字ばかりの活字で組まれたりした。

good design, good taste は授業科目名であり、good home は design for living の意味と、専門家のための教育を目指してはいるが、女性の場合、good design, good taste を身につけて good home を創って欲しい、という願いもこめられていた。

授業としては good taste が design の principle として柱となり、勝見勝氏、剣持勇氏の大先生が担当する。内容としては、デザインとは何か——産業革命以降の近代デザインにおける役割など。デザイン的なものの見方——この授業によって、デザインへの開眼をした学生は多い。この授業は、勝見氏により The Museum of Modern Art, New York 発行の“ELEMENTS OF DESIGN”が教材としてつかわれた。このデザイン・マッペは立派なもので、一枚ずつキャンバスF十二号大位の厚紙のパネルになっており、約二十枚セットの重いもので、写真のうえに端的にテーマと短い説明文があるという、まことに適切な教材である。当時の桑沢デザイン研究所の、教育の一端を象徴するものとして、その一部を列記してみよう。

ELEMENTS OF DESIGN

A new experiment in visual education to show how certain fundamental principles are used in all fields of design.

- DESIGN is everywhere
- we begin with things we can SEE and TOUCH
- TEXTURE in nature—it is where you find it
- MATERIALS are chosen to fit the task
- Line a path of action
- THE MEASURED LINE is man's invention
- CONTOURS define form
- SPACE IS NOTHING
  until the eye detects a point of reference—
- isolated forms unrelated to each other are random islands in space

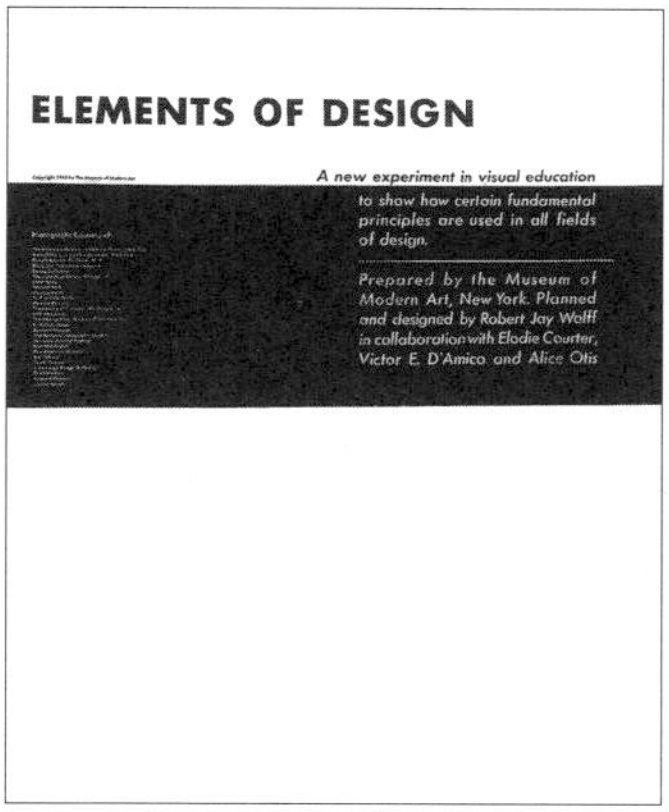

表紙

1

2

3

“ELEMENTS OF DESIGN”　発行：The Museum of Modern Art, New York
資料提供：羽原肅郎

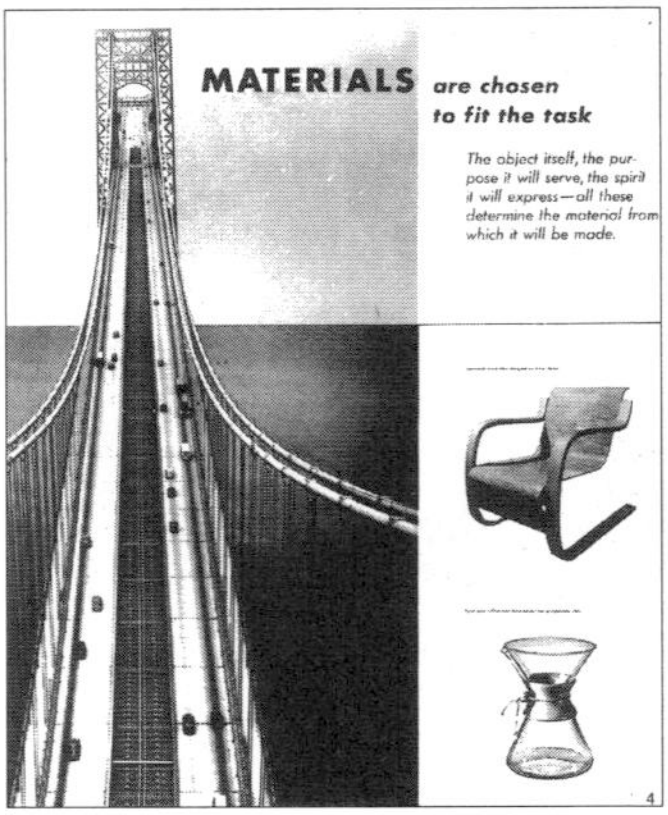
MATERIALS are chosen
to fit the task
The object itself, the purpose it will serve, the spirit it will express—all these determine the material from which it will be made.
4

4

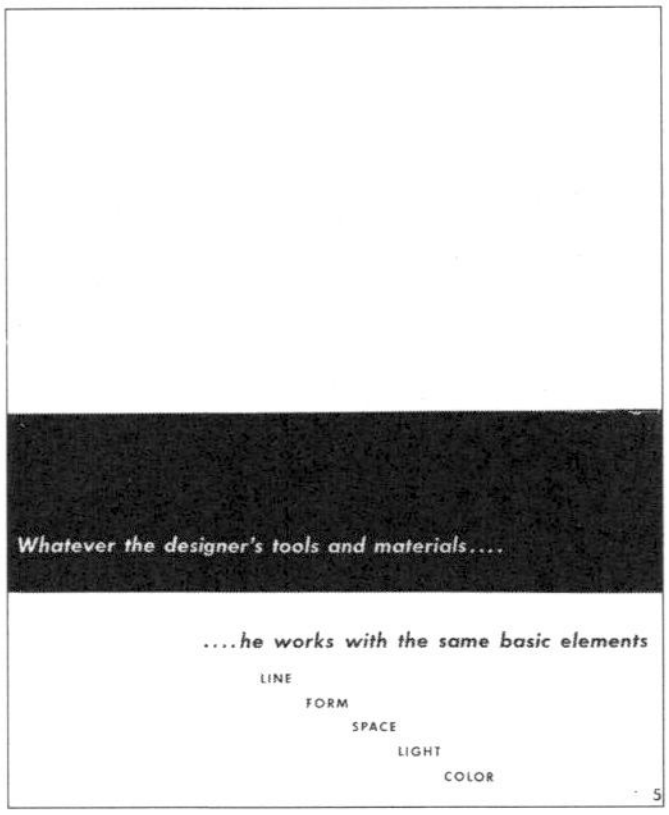
Whatever the designer's tools and materials....
....he works with the same basic elements
LINE
FORM
SPACE
LIGHT
COLOR
5

5

Line
action
6

6

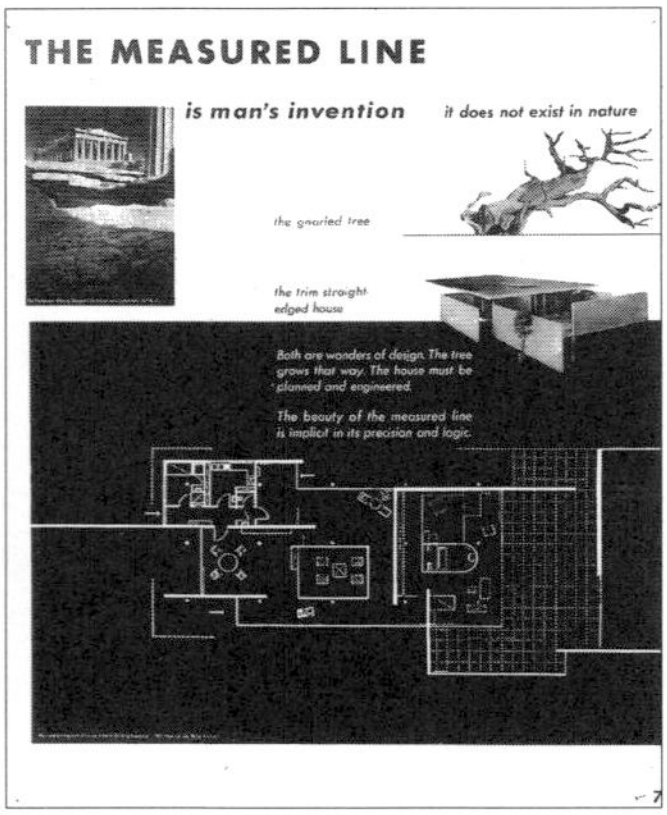
THE MEASURED LINE
is man's invention
it does not exist in nature
the gnarled tree
the trim straight-edged house
Both are wonders of design. The tree grows that way. The house must be planned and engineered.
The beauty of the measured line is implicit in its precision and logic.
7

7

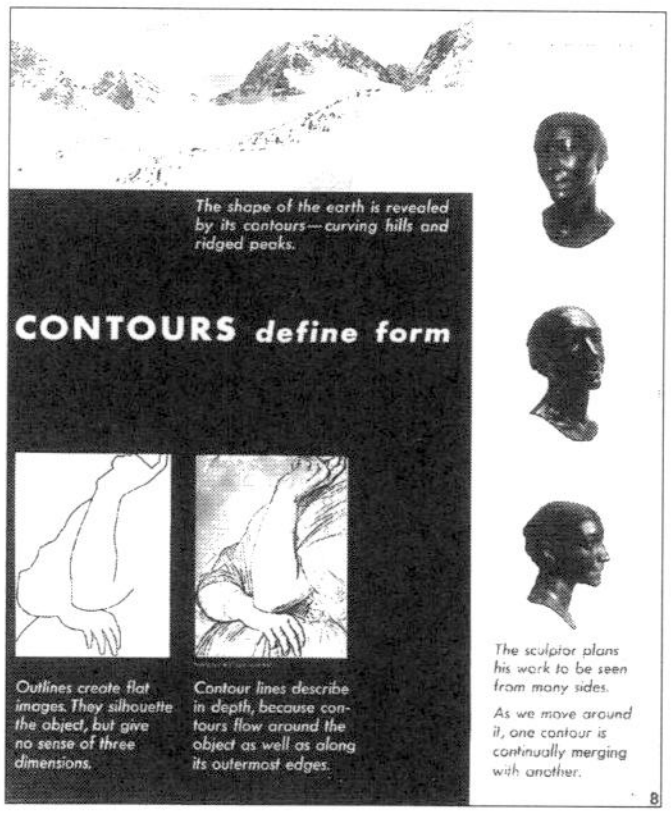

8

9

10

11

異色の講師による興味豊かな授業の魅力

この授業のみならず、勝見氏は豊かな学識経験を駆使して、学生ばかりか教授会メンバーを啓発し、豊富な人脈から有能な講師を導入された功績は、きわめて大きい。剣持氏は、近代デザイン史からバウハウスの歴史、近代デザイン論、最新の世界のデザイン情報など、これまた新鮮であった。

今日では意外なのが、建築家・清家清氏による基礎教育で、

「えー、あちしが中央線の中野駅に立って、立川の方をみたとします。レールは平行してますから、遠くにみえる立川の方のレールも平行してないといけません。でも、実際には、レールは遠くになるほどハの字に細くなってみえます。これだと電車は、先の方へいくと脱線しちゃう……」

ニコニコと、ユーモラスな語り口で、難しい空間論やパースペクティブ、無窮遠やら色彩論まで、わかりやすく楽しい講義に、学生もひき込まれていく。

「…この正月、東工大の学生たちとスキーに行きましてね、山の上はひどい寒さで、あんまり寒いんでオシッコしたら、はじからオシッコの氷ができましてね（わぁー）……こな

いだ芸者のストリップっていうの見ましてね、丸髷結った人が裸で出てくるっていうの、あれ、へんにエロティックですね（大爆笑）」

話題の豊富な講師が多くて、教室も教員室も和気がただよう。

インダストリアルデザイナー・金子至氏もgood design, good formの授業では、品種分類、工業規格、図法、レイアウト・印刷、デザインされたものの観察（オブザベーション）と、幅広い授業が展開される。

モダンアートの広井力氏は、立体構成で鉄線と石膏による抽象形態の制作を、学生と一緒になって作っていたが、学生より若々しくみえた。

インテリアデザイナー・渡辺力氏も初期には、構造力学や材質の授業を担当。後年、東京造形大学の、初代室内建築専攻の主任教授となる。

社会学では、清水幾太郎氏が一九五七（昭和三二）年まで特別講義をされ、巧みな話術で私たちまでをひきつける。その頃、清水氏は初めて渡欧し、帰朝講演のなかで、ヨーロッパでは壁厚い石の文化であること、ロンドンで本場スコッチウイスキーを楽しみにしていたら、本国の人は我慢してもっぱら輸出にあて、国民総動員で外貨獲得に協力していて、白い眼でみられたこと、空襲の廃墟がそのままになっていて、戦争の悲惨さを忘れないことなど、新海外情報が新鮮であった。

専門学校はおろか、各種学校でもなく、個人経営の塾同様の研究所で、これからのデザイナーには外国語が必要、と英語をおき、後にはフランス語までおく。英語は、旧制中学校と高校卒、大学卒とレベルが千差万別で先生は苦労するが、一部の学生はデザインの英文原書を読むまでになる。

繊維工学の東京工大教授・東昇氏（学園評議員）は、研究所のおぼつかない素人経営の苦境に同情されて、一年分の講義料をそっくり寄付してくださり、感激ひとしおであった。後には、一般教養科目として、数学や物理学までおくようになる。大学人が多い教授会の体質から、デザインを追求するほどに、人文科学、社会科学、自然科学との関連を重視し、また、デザインを造形性ばかりからではなく、サイエンスとして理論の確立を求める、などから発したことで、単なる背のびや、大学の真似をしようとしたわけではなかった。

清家　清氏（建築）1955年（昭和30年）
昭和29年、開校時よりの教授。当時、建築家・丹下健三氏と日本の建築界を二分した。筆者は、戦争中、海軍士官として同氏と舞鶴で過ごした。

清水幾太郎氏（社会学）

異色の講師による興味豊かな授業の魅力

金子至氏（工業デザイン）後列右端

近代デザインとは——に燃えた談論風発のカオス

最初の校舎は、翌年には応募者が増えて満員になり、二年後に二、三軒手前のお寺が経営する、柔道場とピンポン場のバラックを借りて、校舎が二つとなる。

とにかく試行錯誤の教育であるから、教授会は頻繁に開かれる。ここでの会議は、「日本の近代デザイン教育および基礎教育は、どうあるべきか」をテーマに、分野の異なる人たちが学閥・派閥をこえ、有名無名のへだてもなく、燃えに燃えた「談論風発の場」であった。それは、まさに近代デザイン教育確立前夜の混沌（カオス）であり、陣痛であった。そしてまた、この小さな研究所は、未知の異なる分野の人の絶好の「出会いの場」でもあった。

教授会とは名ばかりで、およそ会議とはほど遠く、桑沢氏自身が形式ばった会議は嫌いであり、私も同様で、その私が議事進行をつとめるのだから、話は勝手にとび交った。

どの話も新鮮で、興味があるから、議事進行はそっちのけで傾聴し、議論は白熱して、煙草の煙はもうもうとたちこめて、いつ果てるともしれなかった。議論が噛みあわない最大の理由の一つは、デザインについての解釈がめいめい異なるところにあり、そのことに気づくまでには、けっこう時間がかかった。あえて弁解をすれば、あの雰囲気のなかでは、名進行係といえども、結論をひきだしまとめるのは、至難のわざであったにちがいない。また、うまくまとめたとすれば、生き生きした議論は死んでしまったかもしれない。

ときには、他所での議論の不満が持ち込まれて、辞表を出すのなんのの騒ぎとなり、翌朝、慰留に駆けつけるなど、表舞台は華々しく活気があったが、舞台裏は一刻も油断できぬ緊張の連続で、胃が痛んだ。

会議もほどほどのところで、桑沢所長みずから我慢できず、「トリス」を出す。会議の終了時間は守られたためしがなく、外へ出て二次会、三次会と続く。そこでもデザイン論に終始して白熱し、実りのある話が続出して、新知識を吸収する絶好の場となり、酔うひまがなかった。

いまもなお、あの頃の会議ほど啓発されたことはなかったし、未知の分野の人たちと腹を割って話せたことは貴重な収穫であった、という声を聞く。

酒といえば、夜の学生と所長や先生たちとが赤提灯で一杯やり、和気あいあいと語り合ったのも懐かしい。スタジオ内の収納容器は、もっぱらトリスの段ボール箱という珍風景で、その頃「トリスを飲んでハワイへ行こう」というＣＭが流行っていたが、消費した量は、ハワイどころか地球を幾回りもできるほど物凄かった。

信じられない奇跡！　バウハウス初代校長グロピウス教授の来訪

開校してから二ヶ月たった六月十五日の昼まえ、剣持氏より電話が入る。

「あーもしもし、高松さん突然の電話ですが、剣持です。今バウハウスの初代校長グロピウス先生を青山の「草月会館」へご案内したところです。まだ午前の時間が余ってネ、そうだあんたのいるバウハウス教育をしている桑沢デザイン研究所をご案内しようと電話した次第。これから、そちらへ伺いますから、よろしくね。」一瞬、耳を疑う。グロピウス教授といえば、バウハウスの創始者であり、世界的建築界の巨匠。徹夜仕事型の桑沢所長の出所は遅い。荻窪の自宅へ電話する。剣持氏は私の母校・旧制「麻布中学」の先輩。菩提寺・仙翁寺も同じという奇縁の間柄であった。そうこうする間に、ドヤドヤと一行が到着してしまう。ともかく、狭い応接間へ通し、お手伝いのノンちゃんにお茶を出してもらって時間をかせぐ。

教授は、なにか作品を拝見したいという希望。とっさに、オープニングのとき来賓にお目にかけた、桑沢氏のオリジナル作品を思いつく。さいわい午前中は、ドレスデザイン科の授業であったから、学生のなかからモデルを選び、しまい込まれたシワだらけの作品に、大あわてでアイロンをかける。やっと桑沢氏が到着する。

一つきりの教室はショーの会場に早替りし、教授はドイツご自慢の「ライカ」をかまえる。バウハウスをおこし、ナチスに追われ、苦難の道をくぐりぬけてきた人の眼は、鷹のように鋭い。

桑沢氏の作品は、日本の伝統的な絣や絣木綿を素材とした、小粋でスポーティな働き着や家庭着で、教授の眼をひきつける。江戸火消しのような細身のパンツが出てきたとき、モデルにしゃがんでみて欲しいと注文する。モデルは苦もなくしゃがみ、すっと元の姿勢にもどる。「素晴らしい」というグロピウス教授の低い声をきく。一瞬のことであった。この人は、やっぱり凄い人だ、と強烈に思う。桑沢氏のデザイン思想である美しい量感、それを裏づける確かな機能。機能主義の巨匠は、その真髄を一瞬のうちに見てとったのだ。

もし、うわべの形だけを追って機能を無視し、スマートに細くしただけのパンツなら、しゃがめないし、無理をすればピリッとほころびて醜態をさらすことになる。

にわかショーは、おわる。

剣持氏をはじめ、お付きの人たちは、せいぜい十五分くらいの見学を予定し、昼にはイセ夫人と、ホテルで昼食をとるスケジュールであった。教授は、ハラハラするお付きにはおかまいなしに、もう一度、屋外で撮影したいと希望され、玄関まえの青竹の立ちならぶところで熱心にシャッターをきる。

ふたたび教室へもどる。教授は、「この種の学校は、西洋でも苦難の道をたどっており、とくにバウハウス系の学校は、ひどく苦労しています。この研究所は、昔のバウハウスを想い出させます。この研究所のことを事前に知っていたら、ぜひ妻にみせたかった。なぜなら妻は私と、バウハウスの創設期に苦労をともにしてきましたから。後日、かならず妻を訪ねさせます」

と感慨深げに語る。

とっさに思いついて、開校のときの署名用の厚いアルバムを差し出して、なにかメッセージを頂きたい、とお願いする。教授は、組んだ膝の上で、一気に感動を書きあげる。

Here I have found genuine Bauhaus spirit, the desirable trend I am looking for—the transitional, creative bridge between east and west.

Great success to you!

Walter Gropius　June 1954

私は、ここに、素晴らしいバウハウス精神を見出したが、これこそは、私がかねてから待ち望んでいたものであり、東洋と西洋の間に架け渡された往来自在の創造的な橋である。

貴方がたに大きな成功を！

一九五四年六月　ワルター・グロピウス

勝見　勝　訳

小さな船で、無謀にも太平洋に乗り出したも同然の、桑沢丸の船出にあたって、このメッセージは、私たちに大きな勇気をあたえるものであった。

剣持氏によると、研究所から宿舎への帰途、麹町で夏祭りのミコシにあう。誰かが、降りて見ましょうか、とたずねる。教授は「せっかくだがよそう。桑沢研究所のような、いいものを見たあとは欲ばって、沢山のものを見るものではないからね」と。

グロピウス教授の来訪は、前述のようにまったく予期せぬ突然のことであった。

グロピウス教授の訪問希望は、奈良・京都などの歴史的・古典的なものでなく「現代の日本のもの」をという希望に接待側は予期せぬ希望に苦難していた。戦争に敗れ、国土は破壊されてしまった当時の現状では接待側は困り果てていた。苦慮したすえ選ばれたのは、戦後活躍し始めた建築家・丹下健三氏の設計による赤坂の「草月会館」であった。その見学もおわり、午前のスケジュールが空いてしまった。それが前文の「桑沢デザイン研究所」の訪問であった。この日、まったく偶然、私の姉の亭主、義兄・樋口寛（信濃毎日新聞論説委員）が私を訪ねてきた。彼の父・樋口長衛（信濃教育界の重鎮）は、息子と同じ東大卒。その同級には文部大臣、学習院校長・安部能成氏や岩波書店創立者の岩波茂雄氏がいた。義兄は、幸運にも持参していたカメラで二度と出逢えぬ歴史的情景を撮影してくれた。この写真はお願いしたグロピウス教授の肉筆のメッセージとともに研究所にとって永遠の貴重な宝物となった。

グロピウス教授の来訪――偶然私を訪ねてきた義兄の撮影による貴重な写真
1954年6月15日（昭和29年）
右から剣持勇氏、グロピウス教授、通訳、桑沢洋子氏、筆者

左側は柳宗理氏（工業デザイナー）

剣持　勇氏（工業デザイン）1955年（昭和30年）
グロピウス教授を案内して下さった。当時は、産業工芸試験所意匠部長であり、渡米してアメリカのデザイン事情に精通する数少ない一人。麻布中学の先輩。

グロピウス夫人を感動させた桑沢氏の作品

七月になって、グロピウス教授の約束どおり、イセ夫人が訪れる。バウハウスの本に載っている、若く美しい頃の写真にくらべれば、年こそとられたが、気品と美しさは衰えていない。

桑沢洋子という人は、相手がどんなに有名人であろうと、とりつくろうことがない。毒舌をもってなる朝日新聞の某氏が、「たいていの有名人は、初対面のとき、どこかよそゆきになるが、こんなに飾らぬひとは珍しい」と感嘆したとおり、「ふだん着のデザイナー」の面目躍如である。

女性同士の親しさで、膝つきあわせて話がはずむ。

「バウハウス創立の頃は、経済的にたいへんで、主人は本当に苦労が絶えませんでした。

グロピウス教授の約束通り訪れたイセ夫人　桑沢先生と話がはずむ
1954年（昭和29年）

グロピウス夫人を感動させた桑沢氏の作品

あなたは女性の身で、よくおやりになっていらっしゃる。こころから敬服いたします」

イセ夫人の目が、何十年かまえの苦難の時代を、回想するようにみえた。

グロピウス教授に紹介した作品をお目にかける。

「どの作品も素晴らしい。わたくしが、とりわけ感動しますのは、いざファッションのこととなると、全世界のデザイナーはもとより、鉄のカーテンの向こうのソビエトでさえも(註・フルシチョフ時代)パリへ目を向けます。それなのに、あなたは、まったくパリにとらわれず、日本の伝統を見事に近代化しています。

わたくしはアメリカへ帰れば、普通の主婦です。ですから、台所で洗いものをしている時、訪問客がくれば、濡れた手をエプロンでふきふき玄関へ出ます。どこの国の主婦も同じではないでしょうか。

家庭の主婦にとって、いちばん必要な服は、たまにしか着ない豪華なパーティドレスではなく、一日中着ている家庭着や仕事着なのに、デザイナーは、それらに目を向けようとしません。ところが、あなたは、ほんとうに女性が必要とする、地味な家庭着や仕事着に力を注いでいらっしゃる。素晴らしいことです。しかも、デザインがたいへん洗練されています。このままニューヨークへ持っていっても、きっとアピールするでしょう。もし、その気がおありでしたら、及ばずながら、お力になりたいとおもいます」

東と西で、同じ道を歩む二人の女性の対話は、爽やかで、気負うところがなかった。

グロピウス教授も剣持氏も、そして創立者・桑沢氏も、いまはこの世にいない。

グロピウス夫人を感動させた桑沢氏の作品

お人よし桑沢氏のうかつな独断人事　後半生の苦悩

　ある晩、桑沢氏はお気に入りの「七彩工芸」（マネキン人形会社）の会合へ。社長は彫刻家・向井良吉氏、親しかった。会議のあとはおきまりの酒席。その席で桑沢氏は、親しい営業部長に、経理担当の適任者を依頼した。桑沢氏が、こんな重要な人事を、事前に私に相談しなかったのは珍しいことであり、思いもよらぬ苦難の道をたどることになってしまう。
　翌日、私はいつもどおり孤軍奮闘していると突然、予約もなく未知の来客の知らせ。いぶかしく思いながら対面した。
　来客は、くたびれた背広でノッソリ立っていた。低く聞きとりにくい声で
「わたし ―― と言います。今日からお世話になります」

とボソリと言った。

えっ！　お世話になるとはどういうことだろう、と改めて来意をたずねた。驚くことに、昨夜の、桑沢氏と営業部長の話から、経理担当としてお世話になりにきた、ということであった。こんな大切な人事の決定を、事前にひとことの相談もなく、面接もせず履歴書ひとつ見ずに、酒席で約束してしまうとは！

この人の思想・人柄は、桑沢氏の思想・好みとは正反対であり、履歴書も見ず、面接もしないで就職決定というのは、異例のことであった。桑沢氏は、自らの軽率さに後半生を苦しみ、悩み続けることになってしまった。

こころ暖まる開校祝いコンサート　ラモー四重奏団の演奏

思いがけぬグロピウス教授夫妻の訪問は六月、七月。そして夏休み。

かねて約束の、桑沢氏の実妹・雪子氏からのコンサートによる創立祝いにふさわしい季節がやってきた。吹き抜けのスタジオは、図面の段階から、建築資金調達の功労者・イッちゃん（雪子氏）のお気に入りである。彼女は建築にくわしく、バイオリンを自分で作る腕前の人なので、室内楽の音響効果には抜群にいいと目をつけていた。そんなわけで、スタジオが完成したら、室内楽の演奏をお祝いにプレゼントしようと張り切っていた。

ある宵、ヨーロッパの貴族の館のように、雪子氏主宰のラモー四重奏団による贅沢な生演奏会が、スタジオで催された。学生も参加する。メンデルスゾーンやモーツァルトの美しいメロディーが、さわやかな夜風にのって流れ、聴く人を酔わせる。ラモー四重奏団よりの素晴らしい贈り物である。ラモー四重奏団は、ブリテンやシェーンベルク、入野義郎や小倉朗、林光などの作品に取り組む、前衛音楽のグループで、お金にならない現代音楽に情熱を燃やす同志として、桑沢デザイン研究所と心が通じあっていた。

同時期には、秋岡芳夫・河潤之介・金子至氏等の「ＫＡＫ」、彫刻家・向井良吉氏等を中心とする「七彩工芸」の人たちとも意気投合する素晴らしい仲間がいた。

こころ暖まる開校祝いコンサート　ラモー四重奏団の演奏

オンボロ校舎の先生と学生　それでも時代の最先端

さて、本筋の研究所講師について、思いつくままに述べてみよう。

桑沢氏は、かつて建築家志望であったが、「スペース」の講師として、女性建築家・浜口ミホ氏にお願いする。当時でも、女性建築家は珍しい存在であった。お宅が同じ青山で、電車通りの向こう側。地の利はよかったが、難航する。

「研究所の趣旨には賛成なんですけどね、いったい感覚なんてもの、教えられるものなの？」

この質問は、なかなか手厳しかった。ミホ氏は、住空間についての授業を持っていたが、次第に忙しくなって、その後、バトンは夫君の建築評論家・浜口隆一氏（東大建築家卒、丹下健三・大江宏氏と同期）へ引き継がれていく。女性建築家といえば、数年後に、林雅子氏の登場となる。

朝倉摂氏との初対面は、戦後四、五年頃のことであったろうか。土門拳氏と撮影のため谷中の家を訪ねる。

二十代、結婚まえのお嬢さんで、オーバーオールを着て、やんちゃっ子のように目がキラキラしていた。

「ボク、内緒だけど、この封建的な息苦しい家から脱出したいんだ」

男の子のように、あぐらをかいて熱っぽく語った。それは東宝の争議のころ会った、若き日の女優・久我美子嬢と、目の輝きといい、ボーイッシュなパンツのあぐらといい、そっくりであった。

研究所とのかかわりは、ずい分古く、前述の、多摩川のお座敷洋裁学校の頃からで、佐藤氏のデッサンの手伝いから始まっている。研究所では正式に佐藤氏と組んで、デッサンの授業を担当する。その後、次第に範囲がひろがってイラスト、グラフィックと発展していく。桑沢デザイン研究所を親身におもい、新聞・雑誌・テレビなどマスコミを通じて、研究所の紹介に労をとられた功績は大きい。彼女も、天衣無縫の人。賑やかな教員室で、

とつぜん、

「ボク、背中が、しどく痛いけど、なにかできたんじゃない。ちょっと見て」

あっという間にブラウスを脱いで、上半身裸になる。まわりの方がドギマギする。大彫刻家・朝倉文夫先生の令嬢だから、幼い頃から裸は平気である。父君のアトリエで、林立する男性の裸身像の突起を「ヘンナノ」とチョン切ってまわったのは有名な話。

重厚な感じの原弘氏は、レタリングを担当する。ある晩、放課後トリスを飲みながら、桑沢氏と戦前の新劇の話に花が咲く。原氏は一九二四、五年頃から築地小劇場に傾倒し、村山知義の舞台芸術に憧れたとのこと。桑沢氏の姉上・かね子氏（元学園理事・教授）の夫君が、新劇の俳優であったことや、桑沢氏自身も女子美術で学生芝居の経験もあり、私は十年ほども後輩のくせに、子供の頃から築地小劇場を観ていたり、『コドモノクニ』でtomのサインのある村山知義を知っていたことなどから、新劇の話になったのも自然のなりゆきであった。

「桑沢さん、今夜は、ずいぶん懐かしい昔話をしましたね。ぼくはね、過去の話はしないことにしているんです。いつも、前へ向かって生きているんです」

この短い言葉は、印象的であった。

その後、ゴーゴーが流行った。かなりの年配の原氏が、若々しくゴーゴーに熱中しているという噂を聞いたとき、何年かまえの〝ぼくは過去を語らない〟という言葉が、鮮やかによみがえった。

朝倉摂氏（デッサン）中央

蓼科高原「桑沢山荘」の夜
日中は、将来のデザイン教育の内容をいかに充実するかの真剣な討論。夜は解放。
バスタオルのターバン、インド人に扮した筆者。スケッチは朝倉摂氏。
1957年（昭和32年）8月24日、夜半1時半

原弘氏（グラフィックデザイン）1956年（昭和31年）

ごっそりと減ったリビングデザイン科
個性的で楽しい創立記念パーティで盛り上げる

入学時、二十数名のリビングデザイン科の学生は、夏休みが終わると、ごっそりと減ってしまう。気が気ではない。なんとか活気づけ、学校生活に魅力をもたせなくては、と焦る。

その頃は、小学校なみに三学期制で、七月は二十日まで勉強し、二学期は残暑でカンカン照りの九月早々から始まる。大学の先生にとっては殺人的であり、こちらは休講の心配で、暑いなどと贅沢は言っていられない。授業時間は優に大学の二倍はあったろう。

涼風がたってくる。

あれこれ思いめぐらせているうちに、創立記念日のないことに気がつく。そうだ、これで盛りあげよう。

北風が吹いて冬が近づくと、あわただしかった去年の開校準備の頃が、つい昨日のことのように想い出される。十二月二十日は、待ちに待ったスタジオの青写真が、橋本アトリエで完成し、祝杯をあげた日である。桑沢デザイン研究所らしく、オリジナリティーのある創立記念パーティをやろう。この日は授業の最終日であり、街はクリスマス気分で浮き浮きしている。桑沢氏は、異議なく賛成する。

シカゴ・インスティテュート・オブ・デザイン直伝の石元氏の授業は、パーティにも生かされて、白い紙の立体構成と照明による、ユニークな飾りつけがされる。プレゼントの交換は、一階のフロアを海に、贈り物の包みを魚に見立ててまき散らし、二階から釣りあげた。桑沢所長も一緒になって踊った。

創立記念日という名の、クリスマス・シーズンのパーティは大成功で、翌年からはステージを設け、講師が予想外の名演技を披露したり、腹の皮がよじれるほど面白く、年末をしめくくる楽しい名物行事となった。

研究所を創立したからといって、桑沢氏と私の仕事が学校一本になったわけではない。

これまでどおり何本かの定期原稿やら何やらを抱えていたから、その荷重は猛烈をきわめ、昼夜兼行の日がつづく。一年後には、「桑沢デザイン工房」という名の服飾製造販売会社も増え、「KD技術研究会」もあって多忙をきわめ殺人的であった。

暮も押しつまって、過労のところへ猛威をふるう流感にやられ、四十度近い熱が出て、人気のないスタジオの二階に倒れたきり、動けなくなる。いまは獨協大学教授として活躍している、一期卒の片岡啓治君が、つきっきりで看病してくれる。そのときの親切は忘れられない。

片岡君は変り種で、東大を卒業してから、たしかドレスデザイン科へ入学し、教務事務をやる人がいないので、講義記録から教授会記録までとってもらい、学生とスタッフの合いの子であった。いつだったか、日本経済新聞に、現代の塾みたいなシリーズとして、松下幸之助さん、大来佐武郎さんと一緒に、片岡君経営のユニークな寺子屋塾が紹介されていた。ひょっとしたら、初期の桑沢デザイン研究所が、ヒントになったのだろうか。それを確かめるために電話をする。

「やー驚きましたね。ずいぶんしばらくで……」

ごっそりと減ったリビングデザイン科
個性的で楽しい創立記念パーティで盛り上げる

電話の向こうにジャン・マレー（フランスの俳優）、いや褒め過ぎで、下痢をしたジャン・マレーに似た、片岡君の顔が浮かぶ。

「寺子屋塾は、初期の桑沢デザイン研究所が、ヒントになっているのかどうか、確めたくてね」

「……そう、やっぱり、あの頃の研究所での、体験的イメージがありましたね」

「流感でやられたときは、すっかりお世話になりました」

「え？　そんなこと、ありましたっけ」

三十年前と変わらない、落着いた声が返ってきた。

亀倉雄策氏のデザインによるユニークな卒業証書の誕生

正月が過ぎて三学期になり、卒業が迫ってくる。ある晩、勝見氏の授業のとき、リビングデザイン科の学生一同が、学校へ、もの申したいと詰め寄り、異常に緊張した雰囲気がみなぎる。学生の申し入れは、抽象的で子供の遊びみたいな基礎勉強だけのまま、学校を出されるのは困る。なんとか、この続きをやって欲しい、というのである。評論家としては泣く子も黙らす（?）勝見氏も、これには閉口。学校側になりかわって、懸命に説明する。しかし、学生側の要求はもっともなことであり、どこまでいっても平行線で、夜はふけていく。

またもや、教授会の連続となる。

卒業式が近づく。卒業証書がいる。

鳥の子紙にキンキラキンの鳳凰の免状は、研究所にふさわしくない。この研究所は、教師も学生も一緒になって、未知の近代デザインを探究して真剣に学ぶところ。世間の、通り一遍の卒業とはちがう。教師は自分の授業に責任をもち、受ける方は学ぼうと決意してきたのだから、サボるのは自由だが、自ら学びとらなければ、意味がない。学んだことが認定された科目は、担当した教師が肉筆で署名するという、研究所独自の証書にすることが決まる。デザインは、亀倉氏を措《お》いていない。とはいうものの、氏はすでに、当代第一級のデザイナーで、デザイン料も桁外れに高い。研究所の予算のそとである。当たって砕けるしかない。その頃、お宅は四谷にあった。

「それで、デザイン料ですが……」

「うん、わかっているよ。どうせ、きみんところ金ないんだろ」

「とても、世間なみには……」

「心配しなくていいよ。いいもの作ろうよ。紙はさ、マーメイドにしよう。竹尾洋紙店から出たばかりの新製品なんだ。きみのいう、赤い封印にリボンのアイディアはとても大変だから、浮き出し印刷でいこうよ」

毒舌をもってなる亀倉氏であるが、こういうときは実に親切なのだ。苦労人なのである。

その後、三年ほどして、入学案内の表紙デザインを依頼したときも、

「とにかく、クワちゃんの学校、貧乏だからな。デザイン料のこと心配しなくていいよ。ギリギリ二色でいこう。この頃の若い奴は、やたらに色を使いたがる。二色で、贅沢に色を使ったデザインより、ずっと効果のあるデザインにしてみせるよ」

快哉を叫んだ。さすが、第一級の実力者である。日頃、予算を無視して色数ばかり使いたがる若手デザイナーを、苦々しく思っていたから。

このことは、当時の第一級の講師の、大半の方について言えた。

山城隆一氏は、KDニュース四十四号〝KDS〟の表紙を、たったの一色で見事に仕上げた。また大・中・小とある、書類封筒のデザインのときは、KDSのKのタテ棒を下に延ばして大のサイズ一版とし、中・小サイズはその版の流用で、Kのタテ棒のみが、なりゆきでカットされる、という聡明なデザインをした。

どの講師も、報いられることの薄い「近代デザイン」という茨の道を、自ら開拓してきた人たちだけに、苦労人なのである。


亀倉雄策氏のデザインによるユニークな卒業証書の誕生

修了証書

学校法人 桑沢学園
桑沢
デザイン
研究所

表紙

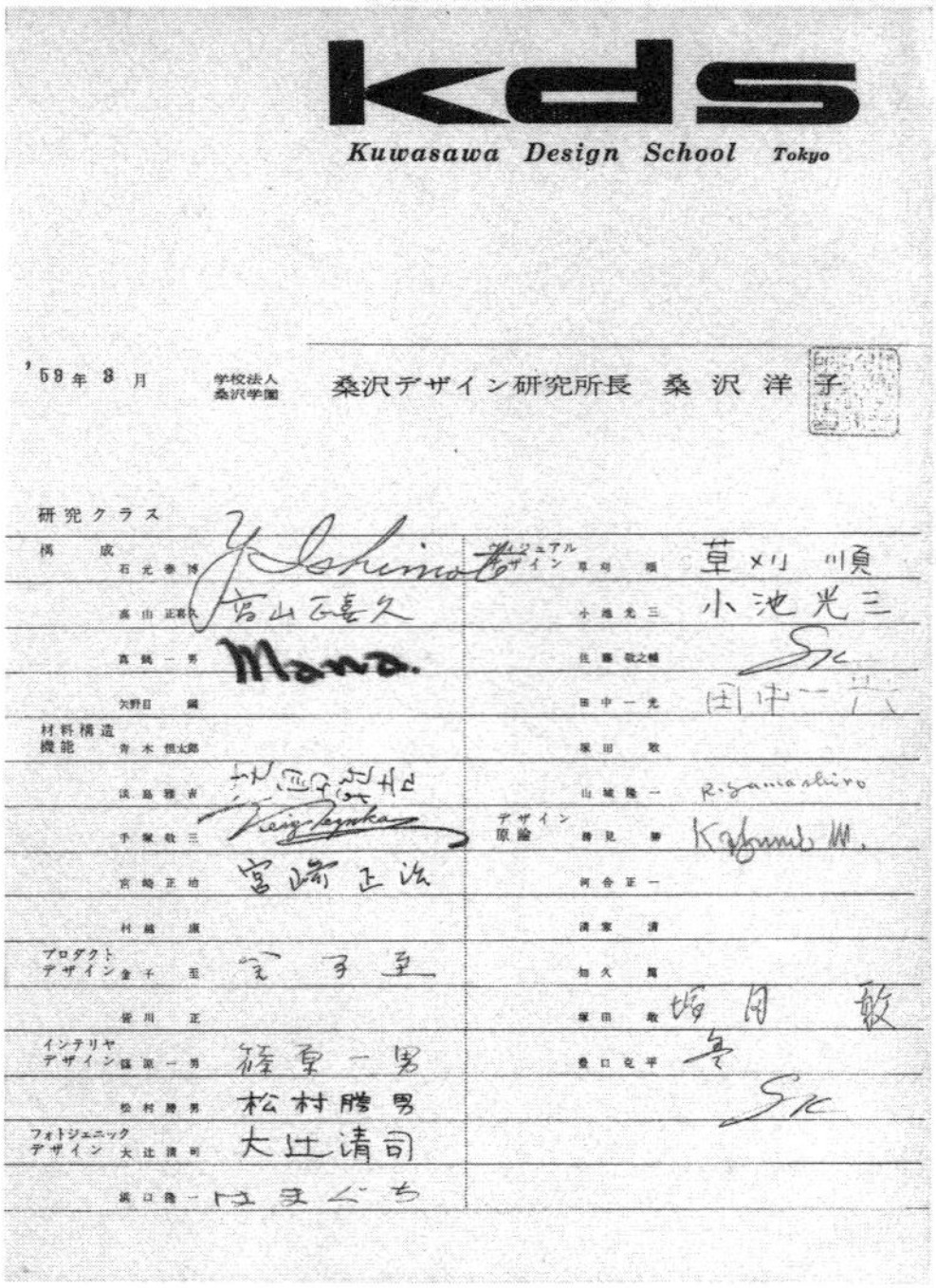
kds
Kuwasawa Design School *Tokyo*

'59年 3月 学校法人 桑沢学園 桑沢デザイン研究所長 桑沢洋子

研究クラス

構成 石元泰博 高山正喜久 真鍋一男 矢野目鋼

材料構造機能

宮崎正治

プロダクトデザイン 金子至

インテリヤデザイン 篠原一男 松村勝男

フォトジェニックデザイン 大辻清司 浜口隆一

ヴィジュアルデザイン 草刈順 小池光三 佐藤敬之輔 田中一光 山城隆一

デザイン原論 勝見勝 河合正一 清家清

桑沢デザイン研究所卒業証書

卒業式、リビングデザイン科「七人の侍」

ドレスデザイン科の歩留まりは、よかった。が、リビングデザイン科は惨澹たるもので、七人になってしまう。記録では、ドレスデザイン科九十名、リビングデザイン科五名とあって食い違うが、七人という証人は圧倒的に多い。その頃、黒沢明監督の『七人の侍』が評判で、とにもかくにも、わけのわからぬ教育を一年間、頑張りぬいたリビングデザイン科一期生を、いまもなお「七人の侍」という。

卒業パーティは、すぐ近く、日本で最初のボウリング場、「東京ボウリングセンター」階上の、レストランでやった。ボウリングは、今日でこそ、大衆スポーツとして知らぬ人はいないが、当時は逆に、まったく知られざるスポーツで、研究所が近かったおかげで知ったしだい。その頃は、ごく一部の金持ちしかやらない、品のいいスポーツで、階上のレストランはこれまた、知られざる高級レストラン。いつもひっそりとしていた。ときどき自由党総裁の緒方竹虎氏が、シェフとメニューを吟味しながら優雅に食事をしていた。シェフも、外地の国際的ホテルの人であった。

七人の侍の一人、もと(株)KAK代表取締役・柴田和夫氏によれば、

田村茂先生撮影の卒業写真には、橋本徹郎、神之村あやめ、桑沢洋子、金子至、広井力、高松太郎の諸先生、平、平原、柴田と先生六人生徒三人が一列に並んでおります。まぁ若さと洋服も気になりますが、六対三の比率は、「古き良き時代」とでもいうのでしょうか。――ある人は「七人の侍」と語呂を合わせたもんです。入学者は三七人か二七人かで美女、賢兄は次々と止められまして、止める決断に欠けた者が七人であったといった方が良いかもしれません――

(『桑沢デザイン研究所一〇年の歩み』)

とあるように、ボウリングセンターのレストランで写された、三人の侍、正確には二人の

侍と一人のお姫さまと諸先生の記念写真が残っている。先生が若すぎるのか、学生がヒネているのか、先生も学生も区別のつかない一枚の写真が、古きよき時代を彷彿とさせる。

卒業式、リビングデザイン科「七人の侍」

卒業式　青山時代
前列右より　佐藤忠良氏、朝倉摂氏、桑沢洋子氏、筆者、
２列目右端は浜口隆一氏、２人おいて高山正喜久氏

ボロでもうちの学校の方がいい

二年目になると、真面目な教育がよかったのか、ユニークさがアピールしたのか、なによりも、日本のデザイン界の、第一級の講師陣がキラ星のごとくならび、看板でなくて真剣に教えている、ということが口から口へと伝えられて、応募者が急増する。

リビングデザイン科は、学年末のステューデント・パワーが効いて、昼のコースが新設される。こうなると、建設資金の功労者・イッちゃんの夢の、音響効果抜群の吹きぬけも、貴族さながらのエレガントなクヮルテットの演奏も、無惨に吹きとんで、二階の回廊に手を入れて、教室にする。それでも足りなくなって、二、三軒酒屋寄りのバラックを借りる。

このバラックは、お寺さんの柔道をやる若僧侶が、戦災で焼け残った総トタンのバラックを、境内に移築したもので、一階は柔道場にして、お経よりもやわら指導に精進し、二階はピンポン場を商売にした。ピンポン場は、昼休みにうちの学生がパラパラ行くくらい。失礼ながら、経営的にパッとしていないと目をつけて、強引に、貸しませんかと交渉したら、先方も渡りに舟、と交渉が成立する。デザインはお手のものだから、グレーの本体に白を効かせてペンキを塗り替え、洒落た桑沢調に仕立てあげる。外観はちょっとカッコよかったが、中身はたいへん。

見あげてごらん夜の星を、とロマンティックにはいかず、まっ昼間にまっ黒なトタン屋根を、教室から見上げると、釘穴が夜空の星のごとくきらめいている。夏になると、殺人的に凄まじい。どこもかしこも波型トタンずくめの、トタン御殿だから、焼けついて、うっかり猫が屋根を歩こうものなら、火傷は必定。中にいる人間は、天火の中のチキンさながら、夏休みになって閉めきりの校舎へ入るときは、気合もろとも突進、窓を開け放つまでにダーッと汗が流れて、熱気に息がつまった。

豪雨のときは、隣家の軒から落ちる水が教室内へ滝のように流れこみ、そうなると授業どころではなくなって、先生も学生も防水作業に大童となる。窓を開ければ、墓石が林立していた。

あるとき、中古のインターホンを二階の教員室にとりつける。真下の事務室へかけると、肉声そっくりに聞こえる。中古にしてはバカに性能がいいなと感心し、ふと足もとをみると、床板の隙間から階下の相手が見え、大声で怒鳴っているのには驚いた。

教室の机は、グリーンに白のラインが入っている卓球台が、そのまま使われる。学費だけは、ずば抜けて高かった。その頃は、父兄がついてくるような甘い学生はいないから、呑気であったが、いまなら抗議を申しこまれたろう。既成概念の打破をモットーとする学校とはいえ、卓球台の机は、めったに例がない珍風景であった。

校舎といえば、ある日、建築見学の授業で、ドレスデザイン科の女子学生と一緒に、最新の設備を誇る洋裁学校を訪れる。帰途、歩きながら学生に聞いてみる。

「最新の建築と設備は凄いね。面白かった？」

「面白かったわ」

「あれにくらべると、うちの学校は違う意味で凄いね」

「ほんとに凄いわ。オンボロで」

「ピカピカの学校がいい人は、いまから転校してもいいんだよ」

「あら、デザインの勉強は建物じゃないわ。ボロでも、うちの学校の方が断然いい」

半分、冗談のつもりの会話であった。胸にジンときた。

学生のなかには、率先して「便所の掃除はわれわれがしよう」と奇特なひともいた。卒業式・入学式には、思いもよらないことがおきてくる。バラック校舎の二階に、大勢学生をあげると、床が抜ける危険があるという。すわ一大事、人命に関わると心配したが、さいわい建築の専門家がいる。さっそく床の強度をしらべ、荷重計算をして安全人員を割り出し、学生を上下二つにわける。したがって式もダブルヘッダーとなる。所長以下関係の先生は、階段を駆け昇り、駆け降り、忙しく、かつ、珍なる風景であった。

筑波大名誉教授・高橋正人氏は、英国風の大学教授らしい先生で、謹厳な雰囲気の持ち主。教育大構成学科の生みの親である。一見、ニコリともせず、それでいてまことにユーモラス。いつも若い女性の先生たちのお腹の皮をよじらせた。

研究所への往復は、愛用の中古のダットサン（たぶんオースチンではなかった）。角ばって腰が高く、骨董的な風格があった。

下校時、運転席で背筋をのばし、おもむろにエンジンをかける。ブルンブルンとエンジンが頼りなげに唸り、細いタイヤの上で四角い箱がヒクン、ヒクンと身震いする。軽率に走り出さないところが優雅である。しばらくすると、興味深そうに見守っている学生に声がかかる。

「キミ、キミ、ちとクルマを押してくれんかね」

英国風に似合わず、土佐弁のアクセントなのである。

「おーい、センセイのクルマ押すんだってさ。セーノ」

クルマは、よっこらしょとお寺の狭い境内をスタートし、やがて自力で酒屋の通りへ出、そろそろと四角いお尻が視界から消えていく。

忘れていた頃、電話のベルが鳴る。

「あー、高橋ですがね、いま青山一丁目の交差点の真ん中でクルマが止まりましてね、電車やクルマがつかえています。すみませんが、誰かきてもらえませんか」

英国紳士は毅然として、すこしもあわてるところがないのである。

いま思うと信じられないことだが、われわれが明けても暮れても「近代デザインとは何

高橋正人氏（構成）テーブル先端　1954～57年（昭和29～32年）頃

か？」「デザインの教育はどうあるべきか？」などと、カンカンガクガク熱くなっていたが、それは小さなコップのなかだけの話。

「どちらにお勤めで？」

「はあ、デザインの学校です」

「ああ、洋裁学校ですか」

「いや、洋裁学校とはちょっと違います。将来、デザイナーになる人のための…」

「デザイナーっていえば、やっぱり洋裁師じゃありませんか」

「いや違うんで……。洋裁っていうのは、洋服の裁縫技術、和服に対する洋服のことで、裁ったり縫ったりの技術はあっても、肝心のデザインがありません。ここでいうデザインとは近代デザインを指すのであって……」

これからさきは、こちらの独演になるのみ。先方は、こんなこと聞くんじゃなかった、と迷惑顔。だいいち、うちの学生でさえ、デザインの勉強をしていても、浮かない顔をしているくらいだから、おして知るべしである。

意気軒昂と第一回桑沢デザイン研究所公開展のオープン

私たちは、無我夢中でデザイン教育をやってきた。しかしなにを、どのように教育してきたか、いちどその成果を、作品を主体に展示してみて、学校ぐるみ客観的に再認識し、反省してみよう。一方、世間にも公開して、デザインというものを認識してもらい、桑沢デザイン研究所がやろうとしていることを知ってもらおう。こうした発想のもとに「第一回桑沢デザイン研究所公開展」を計画する。計画が決まるや、教師も学生も一丸となって、活気づく。ドレスデザイン科の女子学生が、パネル用のベニヤ板を鋸でひき、金槌をふるうなど、男子学生と同様に勇ましく、リビングデザイン科学生との協同作業も微笑ましく、連帯感が横溢する。ドレスデザイン科とリビングデザイン科の交流は、桑沢デザイン研究所の特色といえよう。

一月、二月と厳冬を若さで跳ね返す。みずから桑沢の教祖さま、副校長と称する佐藤氏の表現のように「どこの学校もそうだが、創生期というものは、不自由と熱情が双方に自然に湧いて、面白い生徒がいるものだ」

展示会の前などは、私もスタミナがあったらしく一緒に徹夜で仕上げ、早暁、握りめしを食いながら、みんなで神宮外苑を息抜きに歩いたりした。今から考えると、すべてが前近代的であったようだが、「そうするより仕様のない精一杯さ」であった。

感激的な在校生の母校愛

第一回公開展は、一九五六（昭和三一）年三月、青山・小原会館で開催された。

こんな悪条件のオンボロ校舎にもめげず、学生たちは、忍びがたきをしのび、耐えがたきをたえて、意気軒昂としていた。

学校の窮状をみかねて、学生有志が立ちあがり、ワラ半紙にガリ版刷りのビラを作って檄《げき》をとばす。

各クラス諸氏へ！　　おねがい

陽春の四月以来、希望に燃えて私たち一同、勉強に励み、第二学期もいよいよ終盤を迎えました。

各クラス御担当の一流の講師諸先生より豊富な講義を受け、恵まれた研究を致しております。数少ないデザイン教育の場として、各自誇りをもって勉強に熱を入れてありますが、只一つ慾をいえば、いま少し完備した教室をもちたいと研究が進むにつれて痛感致します。いままで委員会の席上、機会あるごとに話題に上っておりますが、このたび研究所側より適当な土地があれば早急に、新校舎を建設したいとのお話がありました。

つきましては「私たちの桑沢デザイン研究所」の発展のため研究生側も、ぜひこの企画に協力致したいとおもいます。

さし当って土地の問題ですが、希望条件として

敷地　　二〇〇坪程度

坪単価　三万円程度

地理的条件

1．現在の研究所付近が理想

2．右が不可能な場合は、都内交通の便のよきところ

3．研究所所在地として環境適切なところ

などです。

研究生各自の念願である実習教室、専攻クラスの新設…等々。

希望は限りなくあります。また来るべき有為の後進のことも、あわせ考え、この研究所の発展に深い御理解と愛情をおもちの方は、進んで右記を御世話下さいます様、委員一同より各研究生諸氏に切に御協力をお願いする次第です。

なお、御心当りの方は、御遠慮なく事務室またはクラス委員まで、お申越下さい。

十一月二五日

桑沢デザイン研究所

クラス委員一同

研究生各位殿

いまは、すっかり赤茶けてシミのあるこのワラ半紙のビラを、私は大切に持っている。いまから半世紀余、約五十年以上まえの学生諸君のなかに息づいていた、研究所にたいする連帯感、誇り、後進をおもいやる暖かさが胸を打つ。

自らの学校を対象に、ひたすら破壊に狂奔した悪夢のような「紛争」時代、それ以後の、しらけ切った状況を想うにつけ、かけがえのない人と人との信頼感・連帯感の喪失を、痛烈に残念におもわずにはいられない。

みんな〝深情け〟の人たちですね

「もはや戦後ではない」といわれる時代となった。一九五六（昭和三一）年、エドワード・スタイケンの監修になる写真展「ザ・ファミリー・オブ・マン」（「人間みな家族」）が開催されて、こころ暖まる感動をうける。経済白書どおりであれば、「戦後」は終ったのである。

しかし、わが桑沢デザイン研究所は、依然として戦後の感覚であった。

ある日の教授会。

「桑沢の教育ってのは、デザインのインテグレイト（総合）なんですね。いろんなデザインの分野があって、建築でいえば、ほらレンガや石の壁面の、石の一つ一つをつなぐ目地、あの目地の役目じゃないかな」

講師である建築評論家・浜口隆一氏による、ユニークな表現である。

「いま、研究所で建築的なことをやっているけど、これは大学の建築学科とは違います。建築的なものを一つの核として、インテリアデザイン、インダストリアルデザイン、グラフィックデザイン、ドレスデザイン……など、広く他の分野とかかわるような、弾力性のある教育をする。これは特色です。大学じゃできない。優れた建築ってのは、パッと見たときに、あ、いいな、って感じる。あとで建築学的に、美学的に分析してみて、なるほどというのじゃない。いまさら研究所で建築史や構造力学を、シンネリムッツリやってもはじまらないじゃない。ここに一丁の豆腐があったとします。この豆腐を二倍にするのなら、その形のままで立っている。だけどね、十倍にしたとき、果たしてその豆腐が崩れずに立っていられるかどうか。これ、構造計算しなくちゃわからない、っていうんじゃなくて、このくらいなら崩れるって感覚、身につけさせるのが桑沢じゃないかな」

さまざまの講師が、さまざまの角度から研究所の教育について分析し、方向を探った。

「ほんとうのデザイン教育は、国立や公立の学校ではできませんよ」

近代デザイン論、デザイン史を担当する阿部公正氏の持論である。持論のご本人は、れつきとした国立大学・東大美学美術史学科のご出身。勝見勝氏の後輩ということになる。研究所におけるデザイン理論の、いわば中核である。研究所には、涙ぐましい努力で小さな図書館（館とはいえない）を設けたが、デザインを主体とした図書の分類・体系化は、東大の図書館を越えるものとかで、これは阿部氏の絶大な尽力に負うところ。

「書斎にこもってパイプをくゆらし、過去の文献をいじくりまわしているいまの学界から、近代デザイン理論の確立はできませんねぇ。今日から明日へ向かって挑戦する。その意味で、桑沢先生は立派です。学問の世界では、流動しているデザインを予見して挑戦するのは、血みどろの闘いです」

「拝見していると、まさに孤軍奮闘って印象ですね。同志や後継者はいないのですか？」

「それがね、わたしのあとに続く勇気ある若手がいないんですよ。残念ながら、みんな臆病なんです」

阿部氏は、酒が好きであり、ケタはずれに強いのである。どんなに飲んでも崩れるということがなく、デザインを論じて尽きるところをしらず、盃のほうもこれでよいという終点がないのである。静かに、熱心に、理路整然と語り、楽しそうに盃を傾け、飲むほどに、やや蒼ざめる風情は、デザイン理論の、平手造酒《みき》を想わせる。どこやら壮絶なのである。夜の会議が終ってから「ちょっと、やりましょうか」というときの顔は、なんとも楽しそうである。その「ちょっと」で、二次会が三次会となり、午前零時が二時、三時となっても、店の方がやっている限りは、夜が白々と明けかかっても止まるところがない。私にとっては、阿部教室の貴重な講義であるから、帰宅するや、疲れ切っている脳味噌にハッパをかけ、長時間にわたるデザイン論の要点を、思い出すかぎりノートする。翌日、桑沢氏に参考資料として提供する。ときとして、その夜もまた「ちょっと、やりましょうか」ということになり、語ってやまず、飲んでやまず、今朝まで飲んでいたその日は、そのまま翌日につながり、その夜は明けて帰宅し、ノートをとり、などとやっていると、どこからが昨日で、どこからが今日か、わけがわからなくなることも、しばしばであった。

浜口、阿部の両氏が理論派だとすれば、橋本徹郎氏は徹底した実践派であり現場派の人。橋本氏が、研究所創立の中核の一人であったことは、前に述べた。なんといっても、まことに多彩な人であった。画家、グラフィックデザイナー、建築家、教育者（特に色彩を主体とするベーシックデザイン）であり、画材店、コーヒーショップ「パゴダ」の経営もした異色の人。努力・実践の人であり、苦労人であった。晩年の風貌は、中国風ジャン・ギャバンを思わせた。

桑沢洋子、勝見勝、橋本徹郎、佐藤忠良、豊口克平、浜口隆一などの、お歴々がカンカンガクガクの議論のはて、誰いうとなしにもらす。

「いやぁ、桑沢さんの熱心さにはかなわんな。明けても暮れても仕事のことばかり。たまには、お色気のはなし出てもいいんじゃない。とにかく、お酒飲んでも、仕事のはなしがサカナなんだから」

「そういえば、あんただって熱心だ」

「なんですね。ここにいる人たちクワサワ、クワサワって、よってたかってやっているけど、考えてみれば、みんな〝深情け〟ですね」

「そう、デザインの啓蒙だとか、教育だとか、けっきょく〝深情け〟の人じゃなけりゃ、やれませんよ」

橋本氏もまた、きわめつけの〝深情け〟の人である。一九五〇（昭和二五）年、宮本三郎、栗原信等とともに、第二紀会のなかに「造型部」をつくり、美術のなかにデザイン・

造形を導入した。昭和三十年代に入ると、国交の開かれていない海外へ向かって、デザインをとおして交流の窓口を開く努力がされる。研究所関係では、勝見勝、橋本徹郎、豊口克平の諸氏が関係する。橋本氏は、昭和三十一年、通産省ジェトロの依頼による、第一回上海・北京見本市のディスプレイを手がける。そして昭和三十三年、南米向けの最初の巡航見本市船「さくら丸」の船内展示を担当。自らもリオデジャネイロへおもむく。極度の過労、南米高地の不馴れな環境に加えて、持病の心臓病の発作がおこり、異境の地で客死する。葬儀は、桑沢デザイン研究所において、葬儀委員長・宮本三郎氏のもとに、とり行われる。享年五十九歳。桑沢デザイン研究所にとって忘れ得ぬ人である。

豊口克平氏（工業デザイン）1957年（昭和32年）

シンポジウムや画期的な都内バス旅行

一九五七（昭和三二）年の春、創立から三年。経済事情は糸へん景気、神武景気と上り坂から、鍋底景気へと下降の頃、第二回の公開展は、都心の大手町「都立産業会館」へと華々しく進出して、好評を博した。音楽の世界では、若かった黛敏郎、芥川比呂史、團伊久磨たちが、この会館で公演をした時代でもあった。

同年、横浜国立大学の河合正一氏（建築）が、ドイツ、ウルム造形大学の留学を終えて帰国する。さっそく講師に招く。

ウルム造形大学は、戦前のバウハウスの再建として、ショル財団によって設立される。桑沢デザイン研究所創立より、わずか一年まえのことである。初代学長は、マックス・ビル。バウハウスの正統な流れを汲むウルム造形大学の教育は、なんといっても注目の的。

河合氏は、そこの数少ない留学体験者であったから、さっそく、好機とばかり、ウルム造形大学の教育内容を聴こうということになる。それだけでは飽きたらず、日本、ドイツ、アメリカのデザイン教育、つまりドイツは河合氏、アメリカは石元泰博氏、日本は研究所および外部の大学その他の、デザイン・造形関係者による三つのグループにして、大いに意見を闘わせようという企画をたてる。

テーマは「近代デザイン教育は、いかにあるべきか」。

ときは、同年六月十五日。ところは、麻布・国際文化会館。

こうして「第一回桑沢デザイン研究所デザイン・シンポジウム」は開催される。

その当時は、まだ「シンポジウム」という言葉は耳新しく、勝見氏の提唱になるもの。小さな私塾ともいうべき研究所の主催により、日本の造形・デザイン界の錚々たるメンバーが一堂に会して、一つのテーマに取り組むシンポジウムというのは珍しく、特筆すべきことであろう。シンポジウムの主なる出席者は、次のとおり。

桑沢洋子、勝見勝（司会）、河合正一夫妻、石元泰博、橋本徹郎、佐藤忠良、朝倉摂、河野鷹思、原弘、亀倉雄策、山口正城（千葉大）、塚田敢（千葉大）、豊口克平、藤井左内

（産業工芸試験所長）、金子至、真鍋一男、高山正喜久（後の桑沢デザイン研究所長）、塙経亮、間所ハルほか多数（順不同）。

会場の国際文化会館は、コンクリート打ち放しの新しい建築。記録は、当時まだ珍しかった、録音の新兵器であるテープレコーダーを駆使するというふうで、万事、時代の先端をいく企画であった。

このシンポジウムを契機として、意欲的にすぐ一ヶ月後の七月には、中野公会堂において、学生にも公開する、最初の公開シンポジウムを開催する。経費の関係から、安い会場を探した結果が、中野公会堂ということになる。公会堂は、古くて暗くて、今日のようにクーラーなどという洒落たものはない時代であったから、蒸し風呂のような暑さ。講師の発言も熱気がこもってムンムンする。

司会は、浜口隆一氏。清家清、山城隆一、金子至、松村勝男、真鍋一男の講師陣に加えて、外部より朝日新聞社・浜村順、婦人画報社モダンリビング・渡辺曙、新進ドレスデザイナー・中村乃武夫の諸氏を招いたところに特色があった。

一九八二年、二十五年ぶりに中村氏と会う。貫禄十分である。

第一回デザインシンポジウム　麻布・国際文化会館
「ニュージャーマンバウハウス留学の河合正一氏の講演」1957年（昭和32年）
中央・講演者は河合正一氏、右端は朝倉摂氏

後列右より　原弘氏、山口正城氏、勝見勝氏、河野鷹思氏、筆者、亀倉雄策氏、
河合正一氏、金子至氏、桑沢洋子氏、前列左より２人目は橋本徹朗氏

河合正一氏（建築）1957年（昭和32年）

シンポジウムや画期的な都内バス旅行

「いや、あのシンポジウムのパネリストとして声をかけられたときは、恐ろしくて震えましたね。だって錚々たる顔ぶれの方ばかりでしたからね」

あの頃の中村氏は、もちろん若かった。しかし、その頃から才能と不敵な面魂の持ち主で、それだからこそ、パネリストとしてお願いしたわけだが、そんなに緊張していたとは、つゆ思いもしないことであった。

その後も、夏の屋上を会場として、デザイン教育をめぐるシンポジウムは活発に開かれる。このシンポジウムは学生に公開し、参加させていたから、学生からは活発に質問がとび出して、教師と学生とのあいだに火花が散った。今日でいえば、さしずめ、ティーチ・インの走りというところであろうか。星空をいただき、涼風が、熱気あふれる若者たちの頭上をわたっていった。この屋上も、数年にして、教室やら研究室やらに変身して、跡かたもなくなってしまう。

この年は、画期的な企画がつぎつぎに打ち出された年であった。

「都内のバス旅行」も、その一つである。バスで移動する校外授業で、画期的なものであった。浜口隆一氏の発案による。

自分たちの住む東京、生活している街を、都市計画やデザインの観点から、優れた建築はもちろん、街を歩く人の服装、街灯から屑入れにいたるデザインまで丸ごと、実地に勉強しようというのである。まさにデザインの立体的・総合的教育である。デザインから社会学など、専門の異なる数人の講師が同乗し、リビングデザイン科も、ドレスデザイン科も同様に見学した。あらかじめコースと見学すべき建築物などを計画し、講師が説明し、掛け合いで応答する。おかげで当日のバスガイド嬢はお株をとられて〝発車オーライ〟くらいで失業。そのかわり、またと聴けない特別授業が受けられて、大喜びであった。

新宿のゴタゴタした雑踏を、ゆっくりとバスがいく。戦災で焼け果てた新宿は、戦前の面影はなく、闇市がならぶ。

「ほら、ご覧なさい。新宿って街は、いつまでも汚いですね」

「戦前は、このあたりに中村屋がありましたね。いつまでたっても、新宿は復興しませんね。なにか原因があるんでしょうか?」

「ここは有名な〇組の地盤なんですよ。隠然とした勢力がありましてね。きちんとした都市計画を立てようにも、できないんですね。こういう状態ってのを、スプロール状態っていってます。成りゆきで、無計画に街ができていってしまう状態なんですね」

「残念ですね。そのとおり。その点、名古屋も同じように、中心地が戦災にあって灰燼に帰しましたが、いち早く都市計画を立てた。それでバーンと百メートル道路を作っちゃった。実に見事でしたね。長いあいだに出来あがった都市をつくり直す、ってのは大変なんですよ」

「ちょっと新しい道路をつくるだけでも、土地を買収するのに大変苦労しますね」

「こんどの戦災は、そういっちゃなんですが、新しい都市づくりには千載一遇のチャンスです。関東大震災とか、そんなことでもなければ、既成の都市はなかなか改革できませんよ」

「戦災の不幸を不幸に終わらせない福に転じる、まさに〝禍を転じて福となす〟ですね」

視点を車窓の高さに変えて、日頃、なに気なく見馴れている東京を、改めて見なおしてみる。すると、実に新鮮であり、知らぬこと、気のつかぬことが多く、興味はつきないのである。

それから数年後、池田内閣となる。国民所得は倍増、とまではいかないながら、国の経済は高度に成長していく。モータリゼーション。排気ガス。スモッグ。公害。交通マヒ。都電の廃止。最後のバス見学の一つ、京浜工業地帯から夢の島へいく。京浜工業地帯の排ガスの物凄さ。車窓から吹きこむ強烈な工場のガスは、鋭く眼や喉を刺激し、異臭にむせる。そして、都民が排出する膨大なゴミで造成された〝夢の島〟という美しい名の、悪臭ただよう〝ゴミの島〟。

もはや、大きなバスを連ねて、ゆるゆると都内を見学・勉強することは、社会状況から許されなくなり、中止せざるを得なくなる。

それは、平和で贅沢な、実学であった。この画期的な、バスによる社会、近代デザインの立体的勉強のやむを得ない中止は、残念でならない。

渋谷の高台に「工場のような校舎」
見よ、あれが輝く桑沢デザイン研究所の灯だ！

ところで、桑沢デザイン研究所という学校は、法の範囲からいうと、各種学校ということになる。各種学校というのは、早い話が、ハリ・灸・アンマの教育のような「学校教育に類する教育を行うもの」（学校教育法）となっている。つまり、教育としてはミソッカス扱いである。今日では、専門学校（昭和五十一年）となっている。

世の中は面白いもので、高等学校以上の教育ということになると、「大学」か「大学でないか」が、就職にしても結婚にしても、一種のモノサシになるらしい。

一九五七（昭和三二）年暮、学校法人となる。といって、とくに外観が変ったわけではない。しかし、個人立から法人になったわけで、質的には大きな変化である。このあたりから次第に、前近代的な経営から近代的な経営・組織へと変身していく。それと同時に、それまでの強烈な個性・特殊性の濃かった「研究所」から、一般的な「学校」の方向へと向かっていく。そして近代化は、後に拡大へと向かい、サラリーマン化が進んでいく。

一九五六（昭和三一）年には、ドレスデザイン科は二年課程、リビングデザイン科には研究科を新設して教育年限が延びた。クラスが増えてくると、もう小さな校舎では、どうにもならなくなってくる。前にも述べたように、在校生も校地探しに率先して協力するという、学校ぐるみの押せ押せムードにこたえて、渋谷区北谷町（後に神南）に土地をみつける。この土地は、由緒ある北谷稲荷神社の所有地。青山ではお寺さん、こんどはお稲荷さんと、モダーンなデザイン教育には、なんとも不思議な「とりあわせ」である。

一九五八（昭和三三）年、渋谷の高台に、初めての鉄筋コンクリート三階建の校舎が建つ。設計は、新進の増沢洵氏。桑沢氏の構想である「工場のような校舎を」という希望どおり、コンクリート打ち放しの、質実剛健な建築となる。桑沢の教育は、アタマや理窟をコネクリまわす教育ではなく、手をとおして体得し、しかも思考する実践的教育をおこなうところ、という精神を建築にも表現したのである。

渋谷の高台に「工場のような校舎」
見よ、あれが輝く桑沢デザイン研究所の灯だ！

青山第２校舎　桑沢スタイルに改装　1956年（昭和31年）

桑沢デザイン研究所　渋谷新校舎

完成祝賀会のとき、亀倉雄策氏は開口一番、

「クワちゃん、なんだいこの建築。いくら学校でも、もう少し洒落っ気出ないものかねぇ。これじゃ、まるで工場だよ」

「あらカメさん、工場でけっこう。だって、工場のような校舎にして欲しいって頼んだんだから」

学校のまえは、広々としたワシントン・ハイツ。緑の芝生に、白いペンキ塗りのハウスが見えて、敗戦の現実をみせつけられる。日本の中に、アメリカがあった。近づくと、美しい芝生には鉄条網が張りめぐらせてあって、無断で構内に入ると、「射殺する」と注意書きがあった。つくづく戦争に負けるということが、どんなに惨めで屈辱的であるか身にしみた。

ワシントン・ハイツは、かつての代々木練兵場であり、黄塵万丈、軍事教練や査閲に油を絞られたところである。

ある日、許可を得て、ワシントン・ハイツの構内に入る。アメリカン・スクールの大食堂では、子供たちが大きなトレイ（盆）を持ってならび、見るからに栄養たっぷりの美味

そうなご馳走の給食をうけていた。昼休み、校庭で元気いっぱいに走りまわる子供たちを、女の先生が見守っていた。先生は、アイシャドー、口紅、マニキュアをし、小脇にハンドバッグをかかえて、銀座でデートの待ちあわせ、のような風情であった。

学校の周辺には、商店など一軒もなく、空腹の学生を見かねて、戦前、満州大陸で女優・李香蘭が在学していた女学校校長であった老事務部長が、コッペパンと牛乳を仕入れ、事務所の窓口で売った。女優・李香蘭こと、山口淑子こと、前参議院議員・大鷹淑子さんは、一学生として学んだ。自己紹介では「国家公務員の妻でございます」と悪びれなかった。忙しい仕事をしながら夜、インテリアを学ぶ。外交官の妻として、各国大公使を自宅に招くためのインテリアデザインを、自らの手でしようというのである。掃除当番もきちんとして、立派であった。

眼のまえの別世界のようなワシントン・ハイツはさておいて、新校舎に移ることのできたわれわれは、幸福であり意気あがった。

その頃、渋谷駅から現在賑わっている西武百貨店のあたり、それにつづく公園通りにかけては、高い石垣の上に住宅があるような閑静な住宅地で、商店などまるで無く、一般に知られているところといえば、代々木練兵場と、二・二六事件の被告を処刑したといわれる陸軍衛戍《えいじゅ》監獄、徳川大尉が布張りの飛行機で初飛行をしたという碑があるくらいで、寂しいところであった。今日のように、若者の街に変貌するきっかけとなったのは、一九六四（昭和三九）年の東京オリンピックで、国立競技場、渋谷区総合庁舎、岸記念体育館、NHK総合庁舎などの建設で一気に活気づく。

夜、山手線に乗ると、渋谷と原宿のまっ暗な夜空に、「あれが桑沢デザイン研究所の灯だ！」といわんばかりに、只一つ輝いてみえた。まるで子供のように、渋谷と原宿のあいだを何度も往復しては、ガラス窓に額をつけるようにして眺めては感激していた。

この頃、桑沢氏と私は、工業デザイナーのグループKAK（秋岡、金子、河）と親しく、共同の仕事をしていた。たとえば日本橋・三越本店の正面ウィンドウ及び、一階正面フロアから最上階までの立体空間のディスプレイであった。この仕事は、ドレスデザイナー＋インテリアデザイナー＋グラフィックの共同作業であり、「桑沢デザイン研究所」が目指すデザインの総合教育の、まさに実践行動でもあった。結果として、後に有限会社「KAK」のメンバーの一人、金子至氏が、桑沢デザイン研究所ID担当スタッフとなった。

渋谷の高台に「工場のような校舎」
見よ、あれが輝く桑沢デザイン研究所の灯だ！

その頃、「ＫＡＫ」によるオートバイ「ライラック号」のデザインは、工場の作業服をデザインするコラボレーション（共同研究・製作）の実例として、時代の先端を切るものであった。

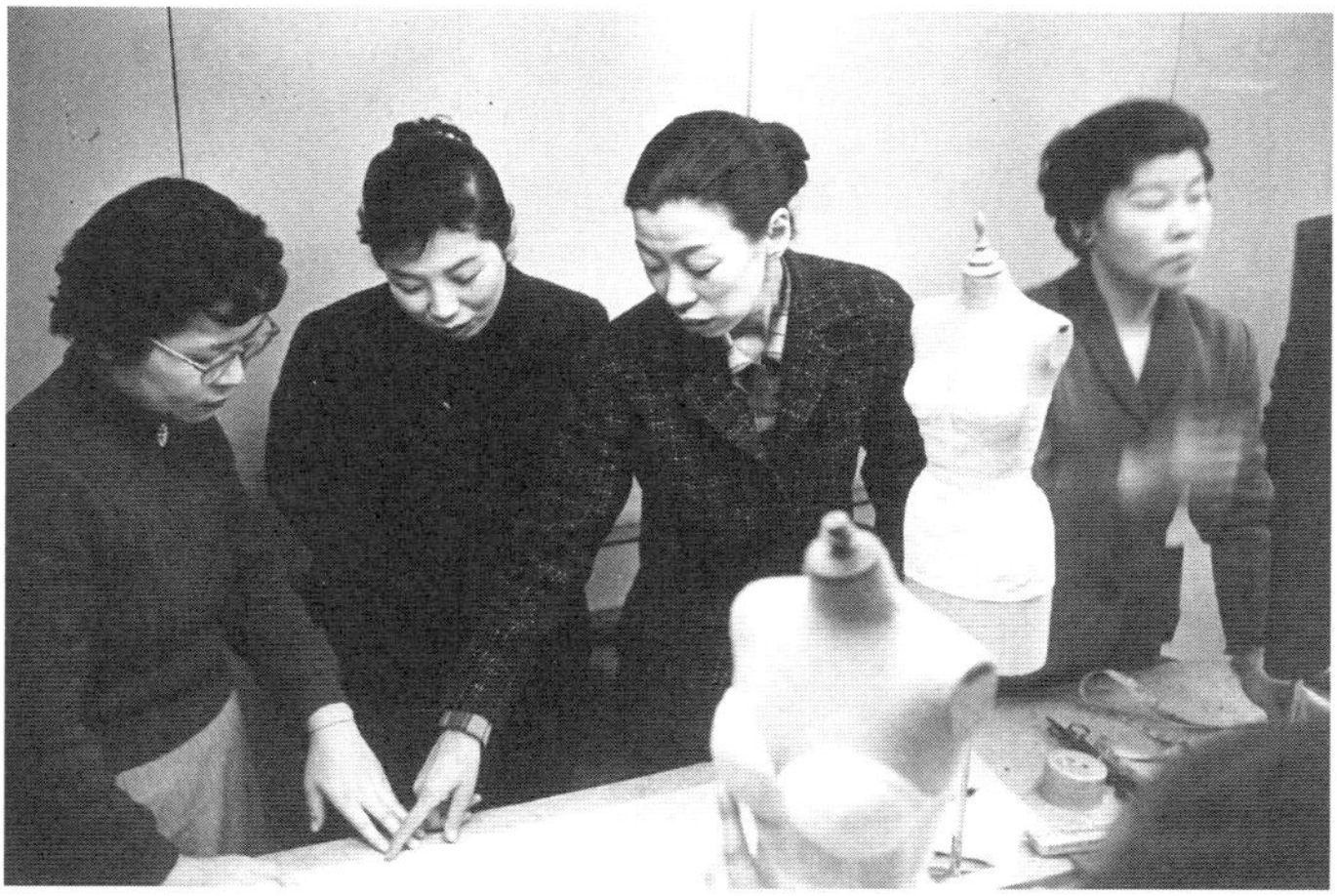

授業風景　桑沢洋子氏　1957年（昭和32年）

渋谷の高台に「工場のような校舎」
見よ、あれが輝く桑沢デザイン研究所の灯だ！

授業風景　桑沢洋子氏　1957年（昭和32年）

病気で知る責任の重さ

　これまで、しばしば胃の激痛がおこり、ときところをかまわず脂汗を流すことがあった。ある深夜、激痛がおこり文字どおり七転八倒、脂汗を流し、あまりの痛さに畳を掻きむしり、吐く物が無くなって黄色い胆汁まで吐いた。モルヒネも効かないのである。どの大学病院も胃潰瘍という診断であったが、初めて診てもらった町医者が、腎臓結石ではないかと診断してレントゲンを撮ると、まさしく結石。さっそく手術して左腎臓を摘出する。腎臓は、すでに化石のようになり死んでいた。血痕がとび散っている神田・阿久津病院の病室の壁に、びっしり仕事の日程を書き込んで、ジリジリしていた。見舞いにきた山城隆一氏と田中一光氏は、手術の模様を聴いているうち、あまりの物凄さに顔面蒼白となり、こちらがびっくりする。

ある日、見舞いに見えた建築の篠原一男氏から、この木造のユニークな病院の設計が、帝国ホテルの設計者フランク・ロイド・ライト氏の愛弟子・内藤新氏の珍しいデザインであることを知ったのは、思いがけない収穫であった。

ある日、桑沢氏と経理事務担当が慌しく病室へ駆けつける。労働組合ができそうだ、という。くるべきものがくる。一九六〇（昭和三五）年早春のことである。組合の結成ということは、卒業生出身の専任教員が増えてきたということで、それまで主流であった大学系の講師陣に、取って代わってきたことである。

学校は、近代化へと踏み出したものの、日本のデザインは、世界のデザインのなかにあっては、まだ後進国であった。

敗戦直後、われわれの眼を驚かせたのは、機能的でまったく無駄のない「ジープ」の力強さと美しさであり、またＧＩ（米軍兵士）が使っている「ジッポー」というライターの魅力であった。がっしりと持ち重りがして、強風にも炎は消えないのである。しばらくして、露店にジッポーがあらわれる。オッとばかり、とびついて買う。やがてジッポーのニセ物が出まわっていると評判になる。「デザインの盗用」である。敗戦国ニッポンの、なりふりかまわぬ悲しい智恵が、ライターの底にMADE IN USOと刻ませる。USAならぬメイド・イン・ウソ（嘘）。誰が考えたのか、ホロ苦いジョークであった。とにかく、戦後の日本は、ひたすら欧米先進国を師とあおぎ、学ぶことに懸命であった。デザインもまた、例外ではなかった。

待ちかねた退院。よろめく身体を、妻の付き添いで研究所へ出勤。さっそく待ちかねていた浜口氏と出会う。

「いやー、ヒドイ目にあいましたね。あなたのいない研究所はダメだ。桑沢さんはいなくてもいい。奥さん、教員室にベッドを入れさせてください。高松さんはベッドに横になっているだけで存在価値がある」と。

同じ日、構成の高橋正人氏曰く。

「ずっと待っていましたよ。手術したばかりだから、とにかくいるだけでいい。あなたは実質ここの所長だ。あなたのいない研究所には、正直いって来る気がしない」

病み上がりの身に、責任の重さをずっしりと感ずる一日であった。

「世界デザイン会議」を契機に来訪した海外デザイナー達

桑沢デザイン研究所のように小さいところでも、けっこう外国人との交流があった。一九五四年のグロピウス教授夫妻の来訪を皮切りに、その後も、海外よりの訪問者はあったが、六〇年代以降、外国からのデザイン・教育関係者の来訪は急速に増える。とくに一九六〇年、日本で初めて開催された「世界デザイン会議」が、その契機をつくる。この会議のプロモートは、勝見氏の努力に負うところが多く、研究所への紹介にもつとめられた。六〇年代までは、主として欧米のデザインに学び、吸収するのに大童であった。来日したデザイナーや教育者を招いては、しばしば講演会を開く。

六〇年代も後半、暑い夏のこと。

アメリカ、オーバン大学のエバ・プファァエル女史（インダストリアルデザイン専攻）が来日する。女史は、聡明で誠実な感じの教授。さっそく研究所へ招いて、公開講演会を催す。テーマは、「アメリカにおけるデザインと流通機構」といったように記憶する。当時の日本では、そのあたりの事情があまり確立していない時代であったから、意外なほど反響が大きく、大学関係者やデザイン界の人たちが沢山つめかけて、満員の盛況となる。

講演会が終る。桑沢氏は、待ちかねたように夕食をともにしたいという。なにぶん生来の江戸っ子気質、早く早くという催促に、プファエル女史に、これから夕食を差しあげますから出かけましょう、と伝える。

「まあ、どうしましょう、こんな恰好で……」

と、大いに気にする。それも道理。うっかりディナー（正餐）と伝えたからだ。あわてて、いえ、ほんの軽い食事（サパー）ですからと訂正する。

あらためて、失礼ながら女史の服装を拝見する。なるほど、あわてたのは無理もない。洗いざらした質素な木綿のワンピース。脇のあたりに汗がにじみ、スカートの裾がいたんで糸がほつれている。ご主人は、ドイツ工作連盟所属の建築家。ナチス・ドイツ時代には弾圧されて苦労し、ようやくアメリカに新天地をもとめて、オーバン大学に職をえて、平

「世界デザイン会議」を契機に来訪した海外デザイナー達

和な生活を確保されたという。人柄は明るく、苦難を経た人の影は微塵もない。

「これからアメリカへ帰国したら、ヨーロッパにいる主人と、アメリカで別居している娘と三人でひさしぶりに落ち合って、夏休みを一家団欒して過します」

いかにも嬉しそうであった。

暮に手紙がくる。

日本での楽しかった想い出や暖かいもてなしに対する丁重なお礼が述べられていた。そして最後に、おもいもよらないことが記されていた。あれほど夫人と娘さんとの団欒を楽しみにしていた夫君が、帰国の途中、搭乗機の事故で、不慮の死を遂げたという。なんという無惨、なんという苛酷な運命であろう。

プファエル女史と前後して、スイスよりマルギット・シュターバー嬢が来日。シュターバー嬢は、マックス・ビルの秘蔵っ子で、スイス工作連盟に所属していた。岸記念体育館の講堂で、講演とスライドの会を催す。宣伝の期間がきわめて少ないのに、会場が埋まる。テーマは、マックス・ビルの環境哲学であった。外国のデザイナーは、デザインについて語るとき、概して、その人の哲学（フィロソフィー）を語るが、日本の聴衆は、デザイン・技術のノー・ハウを期待するようにおもう。

外国からきた講師に講演を依頼したばあい、当然のことであるが、通訳が必要となる。同時通訳というのは、専門家にいわせると、なかなか難しいものだそうで、とくに専門的な会話になると手を焼くという。そういえば、あるとき、外国からある建築家に付き添ってきた通訳嬢は、梁（ビーム）を光線（ビーム）と訳したから、はなしはコングラがった。

その点、研究所はまことに幸いなことに英語担当の蘆原初子氏（東京造形大学教授）がいる。初子氏は、知る人ぞ知る建築家・蘆原義信氏夫人であり、かつて国際建築の編集部で仕事をされた方、その〝同時通訳〟はまことに見事であった。

さきにも記したように、大学でもない研究所には創立のときから語学をおいた。創立者・桑沢洋子は、これからのデザイナーは国際社会で活躍することを予見し、かつ、外国語くらいは学んでおかなければならないと考えていたからだ。人文科学系、社会科学系、自然科学系でデザイナーが学んでおくべきもの、デザイン理論、造形理論、専門史など幅広く用意された。

モード、ファッションは服飾デザインとご縁の深いもの。そしてフランス語とは密接な

「世界デザイン会議」を契機に来訪した海外デザイナー達

つながりがある。課外の第二外国語としてフランス語もおかれる。講師は、なんと、当時国連大学副学長であり、国際政治の権威である若き日の武者小路公秀氏。受講生は、学生に混じって朝倉摂氏など先生組も参加する。

“Qu'est-ce que c'est?”

みんな神妙に、雀のガッコよろしく声をそろえて音読するのは微笑ましい風景であった。

あれは、いつの夏休みであったろうか。長期の休暇を利用して、アメリカのプラット・インスティテュートの教授夫妻（名前を失念）が研究所の調査のため訪れる。夫妻は、幾度か研究所を訪れ、講師陣と意見を交換し、学生の作品を熱心に見学した。

ある日、教授はいくぶん悩んでいるふうであった。

「わたしの学校では、入学すると学生に研究したいテーマを自主的に探させます。学年が進むにつれて、自分のテーマを深めたり、ひろげていきます」

「その結果、いかがですか？」

「自主的な教育の理想はいいのですが、実際は理想どおりにいかないのです」

「どうしてですか？」

「学生は、まず、どういうテーマを選んでいいか戸惑うのです」

「それで……」

「そうこうしているうちに、しだいに情熱を失っていきます。結論として、学校側が期待しているほど、学生側にテーマを選ぶだけの能力が無いのですね。退学する者も出てきます。それにしてもあなたの学校の学生の作品を拝見しましたが、まったく素晴らしい。そのうえ、あの作品を制作した学生が二年生ときいて驚きました。とても信じられません。わたしたちの学生のレベルとくらべて、比較にならぬほど優秀です。いったい、その秘密は何ですか？」

「さあ、とくに秘密などというものはありません。現実についてお話をすれば、入学時の競争率がきわめて高いことでしょうか。二回試験をやりますが、一回目は四、五倍くらい、二回目は十倍を越えます。これは、ちょっと異常ですが。入学してくる学生の意欲といいますか、目的意識が高いということはいえるかもしれません。それに対して、学校側は入学してから猛烈にシゴキます。怠ける者、基準に達しない者は、どしどし落します。先生も、それだけ熱心であり責任をもちます。世間では、〝鬼の桑沢〟などと呼んでいます。


「世界デザイン会議」を契機に来訪した海外デザイナー達

学生は誰のためでもない、自らデザイナーたらんと志して入ってくるのですから」

「ほう！　わたしたちの学生に、その気迫が欲しい」

「わたしたちにも悩みがあります」

「というと？」

「この学校は、文字どおり私立学校です。国から一円の援助もありません。学費収入だけで、施設や設備、人件費とすべてまかなわなければなりません。まさに徒手空拳です」


そして。

いつの間にか、デザインの後進国・日本は先進国に追いつき、追い越していく。

ある日、オーストラリア、パース大学のデザイン学部長が訪れる。研究所の教育の実状・内容を調査したいという意向である。

地下の、数人で一杯になるインダストリアルデザイン研究室へとおす。いまように言えば、まさにウサギ小屋研究室である。間仕切りのすぐ隣りは、実習工作教室。工作機械というにはお粗末な若干の機器と工作台で、学生たちは真剣に作業していた。

「さいきんの日本のデザインは、実に素晴らしい。わたしはわが大学のためにその秘密を知りたい。デザイン教育にたずさわっている立場から、その秘密の鍵は、日本のデザイン教育にある、と考えて調査研究にきたのです」

番茶をすすりながら、熱心なやりとりが交わされる。話が大方つきた頃、学部長は述懐する。

「オーストラリアというところは、広大な土地があります。そして人口は少い。隣りの家へいくのにクルマで何マイルというスケールです。鉱石のような原材料の産業はありますが、日本のような目覚ましい工業はありません。したがって工業デザインは弱いのです。そうした背景のうえに、さらにオーストラリアのデザイン教育には悩みがあります。それは今日でも、教育方針についてはイギリス本国から指令がくることです。ご承知のように、本国は北半球に、オーストラリアは南半球にあります。その距離はたいへん離れており、気候・風土・環境などまるでちがいます。それにもかかわらず、本国の人間は、こちらの実情を無視し、知ろうともしないのです。距離的にも、地域的にも、オーストラリアはイギリスよりも、ずっと日本に近いのです。わたしは、日本にこそ学ぶべきだとおもっています」

来訪した人たちは、ミューラー・ブロックマン、ラファエル・ソリアーノ、ブラティンガー、ブルック、ユップ・エルンスト夫妻（カッセル工芸大学学長）など挙げれば枚挙にいとまがない。

このような、さまざまな動きをしながら、研究所の規模は、しだいにひろがっていく。

ミューラー・ブロックマン氏（スイス出身　グラフィックデザイナー）
1961年（昭和36年）

「世界デザイン会議」を契機に来訪した海外デザイナー達

ミューラー・ブロックマン氏講演風景　1961年（昭和36年）
通訳　葦原初子氏（英語）

敗戦後、理想と情熱の出発から近代デザイン教育確立への十年

一九五九（昭和三四）年ドレスデザイン科、一九六一（昭和三六）年リビングデザイン科にそれぞれ三年次が新設される。教育年限が延長していくということは、デザインの内容がますます広がり、同時に細分化し、複雑にクロスオーバーしていくことと密接に関連がある。そして、デザインの学問的体系化、理論的裏づけの追求が深まってくる。

かつて、初期の頃の教授会において、「桑沢デザイン研究所がアカデミズムになったときは、研究所の終焉である」、「研究所は、どこまでも大学とは一線を画すべきである」、「大学ではなし得ない特色をもつ学校であるべきだ」という事がよくいわれた。そのことは、専門学校の存在理由として、今日もいわれている。しかし一方、専門教育のアカデミズム化の傾向も、なしとはいえない。

創立いらい、経済的には耐えぬいてきた。その甲斐あって、財政的にも次第に力がついてくる。

一九六二（昭和三七）年あたりから、日本の経済事情は高度に成長しはじめて、上げ潮となる。国民は、三種の神器——自家用車・クーラー・カラーテレビが買えるようになり、翌年あたりから海外渡航も自由化される。このような経済的事情を背景にして、一九六三（昭和三八）年、桑沢デザイン研究所は創立十周年を迎える。

無我夢中で、近代デザイン教育の拠点作りに没頭しているうち、あっという感じで十年という年月が流れていた。

この頃になると、日本の産業界も、国際競争の仲間入りをする時代にまで発展していた。一つの例として、見本市船「さくら丸」を造り、日本の製品を積み海外巡航へと出発した。桑沢デザイン研究所の著名な講師たちも参画した。

日本の一九六〇年代、工業社会の発展が目覚ましく、「モノ」を「所有する喜び」の時代へと向かった。社会目標が明確であったので活き活きとして、デザイン教育の発展を促していった。

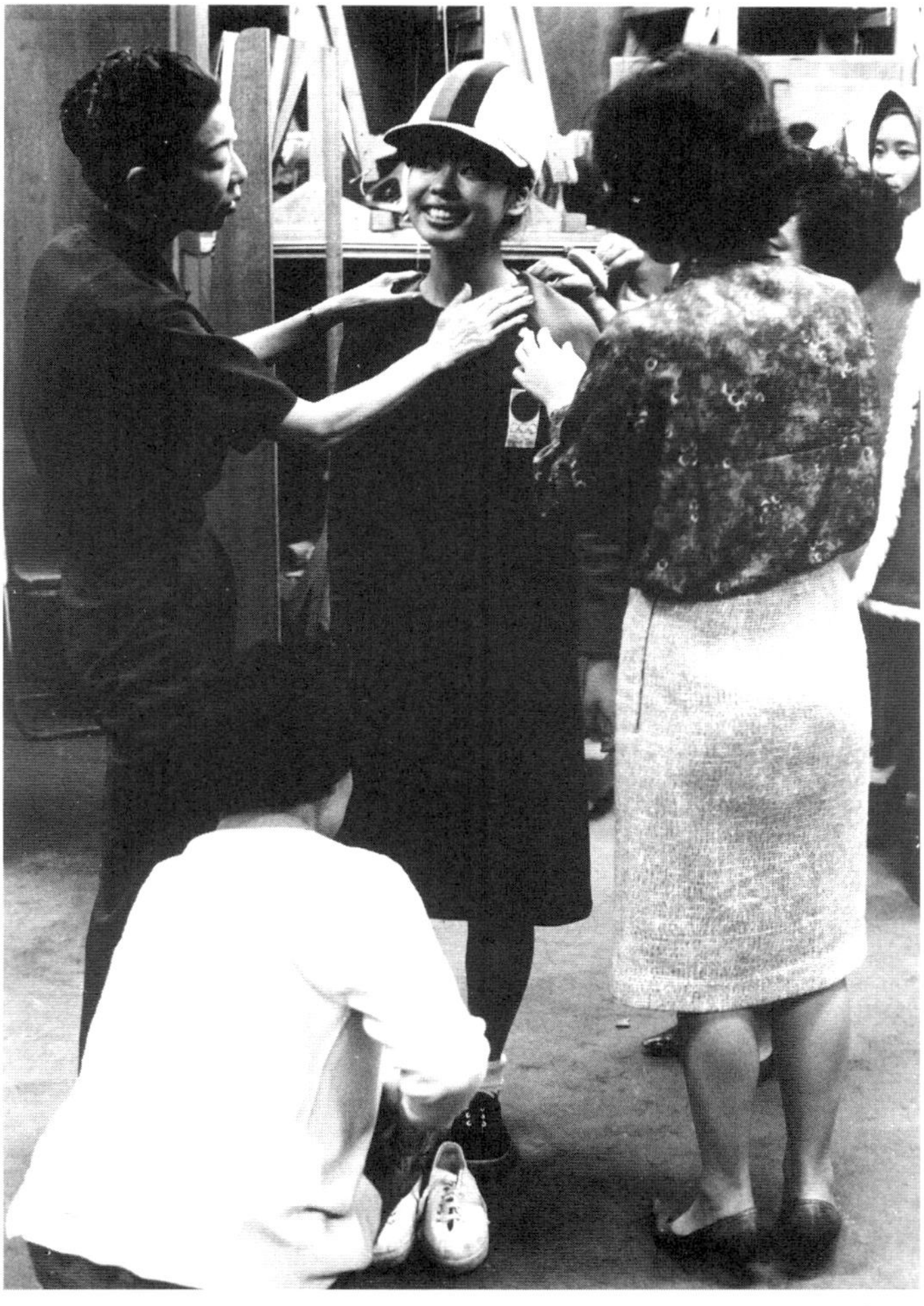

東京オリンピックユニフォーム試作風景　桑沢洋子氏　1963年（昭和38年）

一方、国立近代美術館では、「バウハウス展」が開催されたり、ソウル・バス制作の「黄金の腕」が上映され、ソウル・バス本人も来日するなど、デザイン界は活気づいた。渋谷の高台に新築した校舎も、少なかった学生数が千二百名となり、横・下に増築し、上へ延ばし、利用できる空間は最大限に活用する。創立十周年、発展の喜びにふさわしい、栄えの日を迎えることになって感無量であった。

『マネジメント』一九七四・八　教育問題特集「日本の教育'74　生涯教育にかける情熱」において寺門克氏は、こう記している。

大学へ行けば、大学卒の肩書がつく。桑沢では、それをもらえない。大学は四年間学べる。落第などということはほとんどないし、もし落第しても、退学にはならない。七〜八年は置いてくれる。卒業は困難ではない。桑沢では、三年間しか学べない。それ以上は置いてくれない。学年を進むのも卒業するのも困難である。

桑沢デザイン研究所を大学に代わる存在としているのはなにか。大学教育が学生に与えることができない何かを持っているのであろうか。

「鬼の桑沢」といわれるほどの厳しい制度はたしかに、大学にはない。ここから、たしかにいくつかのよい結果が導き出されている。力ないものは排除し、選り抜きを世に送り出した。それらの人びとが桑沢に対する世の評価を高めた。大学より一年少ない三年間しか学ぶ期間がないというハンデがあるからこそ、指導者と学生の自覚が強化された。

しかし、それだけのことであろうか。

東京都美化運動のポスターや東京消防庁の防火ポスターなど、公共広告の分野で活躍している青葉益輝氏は、桑沢デザイン研究所のI部（昼間部）に研究科が誕生し、三年間で卒業という、現在のシステムになったときの第一回卒業生である。その青葉氏がいう。

「私は、芸大に落ちて、その代わりに桑沢に入ったわけですが、結果的にいえば、よかったと思っています。なによりもよかったと思うことは、デザインというものの、モノの考え方を教わったということです。桑沢デザイン研究所の特質の一つは、技能教育ではないということではないでしょうか。桑沢では、技を教えることが主体ではありませんでしたから、たとえば日宣美（日本宣伝美術会）のコンテストに入選する在学生というのはほとんどいませんでした。準入選が一人いるかいないかというくらいでした。ムサ美やタマ美では、学生時代に、世に名が出る人がいたわけです。

ところが、桑沢を出て、仕事について二〜三年たつと、みんな力を出してくる。技なんて社会へ出れば、二年で覚えることができるのです。だから桑沢では、技は世の中へ出て、邪魔にならない程度しか考えない。その代わり、幅広い基礎的な考え方を教えてくれるわけです。それも二年目からは、社会の第一線で活躍している人たちが先生です。

デザインというのは、社会とのかかわりが深い仕事ですから、若いうちは、技術よりも広い視野に立った考え方に接しておく必要があるわけです。デザインを職業としようとするなら、そうでなければ伸びないようにおもいます」

まえにも記したように、バウハウスの創始者・グロピウス教授は、桑沢デザイン研究所を訪れたとき、実感をこめて「この種の学校は、西洋でも苦難の道をたどっており、とくにバウハウス系の学校は、ひどく苦労しています」と語った。教育理念の問題、人事問題、経営問題から、学生の寄宿舎や食堂のことにいたるまで、教授の苦労・苦悩は、はかりしれないものがあったろう。

この種の学校の難しいところは、教育面の努力を怠れば、どこにでもあるタダの学校に堕してしまうところにある。一方、健全な経営のためには健全な財政、円滑な運営には厳しい管理・組織が必要である。ところが皮肉なことに、その面ばかりに力が注がれると、教育の本質がおろそかになる。ヘタをすると教育不在、経営一辺倒に堕していく。A校とB校とC校と、どこがどう違うのか？　特色の違いは？　かくして、どこにでもある受験学校へ変質し、その学校独自の存在理由は消え失せていく。

シカゴ・インスティテュート・オブ・デザインの創立者・モホリ・ナギも財政的にはずいぶん苦労し、教育と財政との均衡がとれなかったようだ。

石元氏は、述懐する。

「シカゴＩＤの教室は、ビルの一郭にあってね、お義理にもキレイとはいえなかった。学生は、働きながら勉強するひとが多かった。学費がなくなると、学校を休んでアルバイトをした。お金ができると、また学校へもどったね。学生は、しょっちゅう出たり入ったりしていた。それでも、みんなよく勉強した。あるとき、卒業した連中が、母校の教室があんまり汚いからお金をあつめてね、学校へ寄付をした。自分たちが勉強していた頃の教室は、グレーだったね。学校は、そのお金で、はじめて教室の壁を洗った。そしたら、もとの壁の色が出てきた。なんと、その色はピンクで、みんな驚いた」

そのシカゴＩＤは、八年にして終焉する。バウハウスは、十四年。ウルム造形大学は、十六年。いずれも、短命である。桑沢デザイン研究所は、やがて創立五十年をむかえようとしている。この種の学校としては、破格に長命である。

一九八三年、四月一日。東京国立近代美術館。「ピカソ展」オープニングの日。ひさしぶりに建築家・篠原一男氏と会う。

「ぼくが桑沢デザイン研究所で教えていた創立直後から三十八年頃までが、いちばん面白い時代でしたね。ぼくにとって実りが多かった。ほかの人たちも、同じでなかったかしら。当時の研究所は前衛の中心だった」

「ずいぶん桑沢先生と論争しましたね」

「そう、桑沢先生は機能主義の立場、ぼくが伝統主義の立場で、ずいぶんやり合った。ああした論争のなかに、お互いに得るものがありました。そして沢山のよい人と会えた」

「この頃、新しい教育の考え方や方法が言われているのでよく聞いてみると、昔すでにやったり、考えたりしたことばかりで、少しも新しくない」

「同感です。当時の研究所で、新しいものは、ほとんど出つくしていた。いま、若い人が前衛としているものは、あの頃、ほとんどやっていますね。しかも、いまの若い人は前衛といっているけど、実態は保守なんですよ。体制によりかかっていてね」

「篠原さんは、〝無駄な空間〟やら、〝建築は芸術である〟などいわれていたが、授業では機能的で新しいこと、やっていたんじゃないですか？」

「ええ、ぼくは伝統論の立場をとってましたけど、授業では、前衛的・機能的な最先端のことをやってました。プレハブや集合住宅なんかね。その頃は、いい学生がいましたね。その人たちが、いま、ずいぶん活躍していますね」

「こんどのピカソ展、迫力ありますね」

「ピカソの偉大さは、新しいことに挑戦してきわめる。普通の人なら、そこまで到達するのに一生かかる。そして、そこに安住してしまいますね。ところがピカソは、その壁を突き破ると、さらに異なる新しいものへ挑戦する。その活力、その精神的偉大さは、たとえようがない。前衛の精神を生涯、失わなかったことは凄い」

もはや、戦後ではない。

敗戦は、悲惨であり、絶望的であった。しかし、とにかく、われわれはそれを克服した。あのときの活力と勇気は、いま、どこへいってしまったのか？　桑沢デザイン研究所の生きる道は、前衛の精神を失わず将来に立ち向かって闘いとるしかない。

ヨーロッパ行き　日本大好き、重い腰上げた桑沢洋子氏（筆者も同伴）
1968年（昭和43年）
戦後、日本のデザインはドレスデザイナーの海外進出によって花咲いた。ドレスデザイナーは先を争うようにパリへ殺到した。桑沢氏は、祖国「日本」を愛した。海外旅行会社勤務の戦前からの親友による熱心な勧めにより、「後進デザイナーのために」と最初で最後の重い腰を上げ欧州への旅へ。

桑沢洋子氏逝去（桑沢邸において）1977年（昭和52年）
桑沢氏逝去の報に駆けつけた婦人画報社の旧友たちと桑沢氏の実姉・桑沢君子氏
右から桑沢君子氏（姉）、1人おいて筆者、川辺武彦氏（婦人画報編集）、
熊井戸立雄氏（婦人画報編集長）、本吉敏男氏（婦人画報社社長・筆者の従弟）

おわりに

創立からの十年、それは未経験の不安と緊張の連続であった。それだけに創立十年を迎えたときの歓び・感動は一生忘れがたい。

一般に学校教育の特色は、創立十年で決まる、といわれる。昨今の世界の進歩・転換は予想以上に速い。豊かな人間性を基盤に、よりよい人類社会の形成にデザイン・芸術をとおして、一層充実・発展することを祈ってやみません。

私は「桑沢デザイン研究所」と「東京造形大学」という二つの教育機関をこの世に生んだこと、そして赤字であった「桑沢クリエイティブセンター」を黒字によみがえらせたことを誇りにおもう。

この三つの教育機関が桑沢氏と命をかけてきた人生最大のよろこびであった。

本書の発行について、一切の重責を担当された桑沢学園理事長・小田一幸氏のご厚情、及び編集、制作の実務になにかとお世話になった株式会社道吉デザイン研究室代表・道吉剛氏のご尽力に深謝いたします。

おわりに、四年前突然、脳梗塞、半身不随に見舞われ、ニワカ左手執筆になった筆者の、介護と執筆を献身的に助けて下さった山下昭子さんに御礼申しあげます。

二〇〇三年十二月

高松太郎

おことわり

この『「桑沢」草創の追憶』は、一九八五年青土社発行の『「文化の仕掛人」——現代文化の磁場と透視図』（絶版）より「桑沢デザイン研究所」（高松太郎著）の引用に負うところ大であります。青土社に対し、厚くお礼申し上げます。

最近の筆者と妻・央子（毎日書道展会員・白峰社運営理事・書道研究 欅会理事長・志帆書道会主宰——桑沢デザイン研究所卒）国立近代美術館にて

（撮影・山下昭子）

著者 高松太郎 略年譜

一九二〇（大正九）年　〇歳　福岡県に生まれる。同年、東京の自宅へ。

一九二九（昭和四）年　九歳　全国児童画コンクール最優秀賞受賞。

一九四〇（昭和十五）年　二〇歳　立教大学（予科）入学。

一九四三（昭和十八）年　二三歳　十二月、学徒出陣。海軍予備学生となる。

一九四五（昭和二〇）年　二五歳　八月十五日終戦。海軍中尉。大学へ復学。

一九四六（昭和二一）年　二六歳　大学卒。四月、株式会社「婦人画報社」（編集部）入社。同社先輩、デザイナー・桑沢洋子氏との仕事が始まる。

一九五一（昭和二六）年　三一歳　婦人画報社退社。その約二年前より桑沢氏、宮内裕氏（画家）とトリオを組み、朝日新聞社『婦人朝日』、ヴォーグ出版社等の出版活動及び、洋裁学校のデザイン教育活動を展開。

一九五四（昭和二九）年　三四歳　桑沢氏と共に、近代デザイン教育啓蒙の拠点「桑沢デザイン研究所」を創立。同年六月、ドイツ近代デザイン教育の先駆「バウハウス」の初代校長ワルター・グロピウス教授夫妻が来訪、貴重な激励のメッセージを受ける。

一九五七（昭和三二）年　三七歳　学校法人桑沢学園認可。初代学園常務理事。

一九六六（昭和四一）年　四六歳　東京造形大学開学。教育内容、教授以下の人事交渉、文部省との折衝一切を担当。

一九七七（昭和五二）年　桑沢洋子氏逝去。

一九八〇（昭和五五）年　六〇歳　学園顧問。桑沢デザイン研究所講師は継続。

一九八四（昭和五九）年　六四歳　「桑沢クリエイティブセンター」主事。

一九八七（昭和六二）年　六七歳　センター閉鎖。

一九八九（平成元）年　六九歳　万感交々の三十余年をもって、学校法人桑沢学園を去る。

一九九〇（平成二）年　七〇歳　朝日新聞社「朝日カルチャーセンター」・NTT絵画教室講師。桑沢デザイン研究所・ヴォーグ学園（近代デザイン史）講師。

一九九九（平成十一）年　七九歳　厳冬十二月、突然「脳梗塞」に襲われる。

二〇〇三（平成十五）年　八三歳　本書執筆完了。現在、文筆及び、自宅にて絵画教室を楽しむ。

桑沢文庫 2
「桑沢」草創の追憶

2004年5月26日　第一版第一刷発行

［著者］　高松太郎

［編集］　桑沢文庫出版委員会

［制作］　道吉　剛
中村和代・辻村亜紀子
道吉デザイン研究室

［発行者］　小田一幸

［発行所］　学校法人　桑沢学園
〒192-0992 東京都八王子市宇津貫町1556
Tel. (0426)-37-8111　Fax. (0426)-37-8110

［発売］　株式会社　そしえて
〒102-0072 東京都千代田区飯田橋4-8-6 日産ビル
Tel. (03)-3234-3102　Fax. (03)-3234-3103

［印刷・製本］　東京書籍印刷株式会社

ISBN4-88169-161-9　C3370

「桑沢」草創の追憶

造本仕様

［判型］
仕上り寸法＝A5判変型　天地210×左右130mm

［組版］
使用書体＝ヒラギノ明朝体W3, 4, 5・游築かな36ポW5（大日本スクリーン製造）・
Times Roman・Bodoni Book
アプリケーションソフト＝QuarkXPress・Adobe Illustrator・Adobe Photoshop

［用紙・資材］
ケース・プラスチック＝ベーシィックカラーE4/E1クリア　0.75mm厚（オカモト）
文字箔押し：銀箔ツヤ消し No. 2B　スタンダードメタリックホイル（村田金箔）

表紙＝布クロス：スペシャルプレン(SP)　174ハン（ダイニック）
芯ボール紙：PCC　LT26号（日本板紙）
文字箔押し：銀箔ツヤ消し No. 2B　スタンダードメタリックホイル（村田金箔）
ブラック箔(ツヤあり)（村田金箔）

花布＝アサヒクロース A-12（望月）

スピン(栞)＝アサヒクロース A-8（望月）

見返し＝タント N-70　四六判 Y目 100kg（特種製紙）

本文＝クリームイースター　A判 46.5kg（日本製紙）